Dicionário de Termos Abomináveis do Mundo Corporativo

Vitor L. Massari

Dicionário de Termos Abomináveis do Mundo Corporativo

Uma obra bem-humorada e provocadora sobre tempos de "entrega de valor"

Copyright© 2018 por Brasport Livros e Multimídia Ltda.
Todos os direitos reservados. Nenhuma parte deste livro poderá ser reproduzida, sob qualquer meio, especialmente em fotocópia (xerox), sem a permissão, por escrito, da Editora.

Editor: Sergio Martins de Oliveira
Gerente de Produção Editorial: Marina dos Anjos Martins de Oliveira
Editoração Eletrônica: Abreu's System
Capa: Use Design

Técnica e muita atenção foram empregadas na produção deste livro. Porém, erros de digitação e/ou impressão podem ocorrer. Qualquer dúvida, inclusive de conceito, solicitamos enviar mensagem para **editorial@brasport.com.br**, para que nossa equipe, juntamente com o autor, possa esclarecer. A Brasport e o(s) autor(es) não assumem qualquer responsabilidade por eventuais danos ou perdas a pessoas ou bens, originados do uso deste livro.

Dados Internacionais de Catalogação na Publicação (CIP)
Agência Brasileira do ISBN – Bibliotecária Priscila Pena Machado CRB-7/6971

M414	Massari, Vitor L.
	Dicionário de termos abomináveis do mundo corporativo : uma obra bem-humorada e provocadora sobre tempos de "entrega de valor" / Vitor L. Massari. – Rio de Janeiro : Brasport, 2019.
	120 p. : il. ; 21 cm.
	ISBN 978-85-7452-913-4
	1. Administração de empresas - Dicionários. 2. Etiqueta comercial. 3. Negócios. I. Título.
	CDD 650.1

BRASPORT Livros e Multimídia Ltda.
Rua Teodoro da Silva, 536 A – Vila Isabel
20560-005 Rio de Janeiro-RJ
Tels. Fax: (21)2568.1415/3497.2162
e-mails: marketing@brasport.com.br
vendas@brasport.com.br
editorial@brasport.com.br

www.brasport.com.br

Filial SP
Av. Paulista, 807 – conj. 915
01311-100 São Paulo-SP

Dedico este livro às minhas três grandes mulheres: minha mãe Valéria, minha amada esposa Márcia e minha filha Laura Vitória Massari, e ao meu finado pai Florivaldo Massari.

Agradecimentos

Primeiramente gostaria de agradecer à Brasport, em especial ao meu querido editor e amigo Sérgio Martins de Oliveira, por apostar nesta obra no mínimo diferente do que eu já produzi até hoje!

Na sequência, agradecer a minha querida esposa e filha pela paciência por eu ter me afastado por algumas horas para mergulhar de corpo e alma nesta obra e ter respondido "ahã" para perguntas que eu nem prestei atenção enquanto estava escrevendo!

Aos amigos e também sócios da Hiflex Consultoria, Maurício de Souza e Fábio Cruz, que me incentivaram a seguir em frente com essa ideia maluca e aturam minhas oscilações de humor.

Ao Heitor Roriz, *Certified Scrum Trainer* da Scrum Alliance e proprietário da Massimus, amigo e guru, que foi o criador da brilhante ideia do "Dicionário de Termos Abomináveis do Mundo Corporativo" em sala de aula e que foi o gatilho que fez essa ideia nascer. Ah, e também por não ter ficado p. da vida comigo por ter transformado a ideia dele em um livro!

Aos queridos alunos e clientes que resolveram compilar os Termos Abomináveis em planilhas Excel e compartilharam comigo o resultado, dando mais força ainda para eu materializar os melhores termos em um livro. E também por embarcarem comigo em minhas loucuras conceituais.

Aos amigos Eduardo Freire, criador e inspirador do termo *Massari Feelings* (que terá um capítulo à parte nesta obra), e Farhad Abdollahyan, que também me inspirou com o seu "entregável é intragável".

Se você achou este livro criativo, provocador e levemente engraçado, agradeça ao Monty Python, grupo de comediantes ingleses que fez sucesso entre as décadas de 60 e 80 e que foi minha grande fonte de inspiração para os momentos mais ácidos e *nonsense* desta obra!

Agora, se você achar este livro sem graça e chato, agradeça aos pseudohumoristas que invadiram a TV da sua casa com seus chatérrimos "talk-shows"!

Prefácio

A ideia de criar um "Dicionário de Termos Abomináveis do Mundo Corporativo" surgiu em um treinamento CSM® (*Certified Scrum Master*) quando finalmente notei que as perguntas, recorrentes nos cursos, continham termos que quando comecei a me aprofundar vi que eles eram a causa de diversos efeitos negativos, como: pressão no desenvolvimento de produtos, falta de coesão das equipes, má comunicação, *Sprints* que falham, itens que não são entregues, entre outros. Eu então pedi que os participantes pegassem uma folha de papel, uma caneta, e anotassem os termos que eu ia ditar, os quais eram "abomináveis" no sentido que representavam a herança da Velha Gestão e que precisávamos então fazer algo sobre isso, tomar alguma atitude. Eu então comecei o ditado: "sustentação", "esteira", "tocar projetos", e por aí seguiu. Isso seguiu durante alguns treinamentos no decorrer do ano de 2017, quando em meados de dezembro surgiu o CAC® *(Certified Agile Coach)*, um programa que reuniu grandes nomes referências em *Agile* no Brasil.

Estávamos então na primeira turma CAC® em fevereiro de 2018, todos os instrutores: Paulo Caroli, Dairton Bassi, Fabio Cruz, Vitor Massari, Jorge Penillo, Peterson Larentis e eu, imersos em três dias de tudo relacionado a *Agile Coaching*. Cada instrutor tem seu módulo de 4 a 8 horas de ensino. Eu não tinha um módulo específico, mas contribuí em alguns ensinamentos e em uma dessas contribuições me veio novamente a ideia de escrever o "dicionário". O autor deste livro, Vitor Massari, ouviu a ideia e se apaixonou. O Vitor é uma pessoa genial, que faz as coisas acontecerem rápido, com os pés no chão, calejados de anos de experiência prática, além de fundamento teórico sólido. Consultores e clientes geralmente esbravejam que não basta saber, ter a teoria: de que vale saber a teoria sobre algo se nunca colocou em prática? Obviamente isso faz sentido; eu, porém me permito desafiar isso perguntando quem atuaria melhor como CTO de uma empresa: uma pessoa que fez um MBA em uma escola de negócio renomada ou um profissional experiente, sem estudo teórico? No mundo de hoje, eu digo sem dúvida alguma que eu não abriria mão de uma pessoa com um fundamento teórico sólido. Por um motivo simples: hoje no mercado corporativo do Brasil temos diversos, inúmeros, exemplos de profissionais cheios de experiência sem nenhuma teoria sólida. Por isso tenho respeito e admiração pelo Vitor: ele tem prática e teoria sólidas, está sempre se reciclando, buscando mais conhecimento e, devido a isso, gerando conhecimento de qualidade para nosso mercado.

Após saber sobre a ideia do dicionário, um dia ele me perguntou o que eu achava sobre escrever um livro e eu achei fenomenal! Não sou escritor, então quando ele me convidou a escrever esse prefácio eu fiquei bastante feliz e honrado. Eu vejo este livro como mais conhecimento sendo gerado para o mercado, como uma das "luzes no fim do túnel" que traz teoria sólida para aqueles que precisam. Além de muito humor, você leitor irá se deleitar com conceitos interessantes, atuais, mas, ao mesmo tempo, desatualizados a cada dia que se passa. Eu queria então convidá-lo(a) e fazer uma reflexão. Após ler este livro, de maneira descontraída eu espero, eu te convido a responder a seguinte pergunta: o que você vem fazendo para colocar em xeque os conceitos da Velha Gestão, cocriando a Nova Administração, a Gestão do Século XXI?

Boa leitura!

Heitor Roriz Filho

Certified Scrum Trainer **(CST) da Scrum Alliance e Proprietário da Massimus C&T**

Sobre o Autor

Vitor L. Massari é CEO (nome bonito para dono de empresa pequena), CFO (nome bonito para dono que acumula a função de contas a pagar e receber) e especialista em Métodos Ágeis e *Lean* (sem resenha para isso) da Hiflex Consultoria.

Possui mais de 20 anos de experiência em gestão de projetos de inovação (está ficando "experiente") e possui mais de 25 certificações (parcelando as faturas do cartão de crédito até hoje para dar conta) voltadas para gestão de projetos, métodos ágeis e tecnologia da informação, entre elas: PMP, PMI-ACP, *Certified Scrum Professional*, *Professional Scrum Master III*, PRINCE2, *Professional Agile Leadership*, SAFe, entre outras (da série: tem mais sigla do que nome).

Tanto a sua missão (estilo Rambo) quanto a missão da Hiflex Consultoria é ajudar pessoas e organizações a atingir melhores resultados através de abordagens enxutas de gestão (em outras palavras, pare de rasgar dinheiro da sua organização!).

Atualmente trabalha com diversas organizações dos mais variados portes e segmentos colocando em prática tanto a sua missão quanto a missão organizacional da Hiflex Consultoria.

Também autor dos livros "Gerenciamento Ágil de Projetos" (imperdível!), já em sua segunda edição, e "Agile Scrum Master no Gerenciamento Avançado de Projetos" (mais imperdível ainda!), e coautor do livro "Gestão Ágil de Produtos com Agile Think Business Framework" (leitura obrigatória!!), todos disponíveis no portfólio da editora Brasport.

Sumário

Introdução 1

Parte I
Da série: Pérolas do Mundo Corporativo 5

Aqui a coisa é corrida 6

Asap 6

Causa-raiz 7

Com a minha inteligência e o seu entusiasmo, vamos
longe! 8

Damos prioridade para soluções inteligentes de baixo
custo 9

Departamento 9

Departamento de inovação 10

Depois acertamos o seu banco de horas 11

Dinheiro não é problema 11

Drivando 12

Ema, ema, ema, cada um com os seus problemas 13

Eu fiz a minha parte! 13

Fazer mais com menos 14

Gerente funcional 15

Hierarquia 16

Meus recursos 18

XVI Dicionário de Termos Abomináveis do Mundo Corporativo

Na nossa realidade isso não funciona 19
No mundo real isso não funciona 19
Nossa cultura é assim! 20
O ótimo é inimigo do bom 20
Precisamos fazer um esforço extra 21
Precisamos montar um plano de ação 22
Te mandei um e-mail 22
Temos que fazer acontecer 23
Vamos fazer uma força-tarefa 24
War Room 25

Parte II
Da série: Pérolas do Mundo da TI **27**

Arquiteto 28
Está pronto, só falta testar 28
Estamos atrasados, pula a fase de testes e implanta
 do jeito que está 29
Fase de estabilização 30
Já montou o pacote? 31
Na minha máquina funciona 32
Se der problema, arrumamos em produção 32
Sistema legado 33
Sustentação 34

Parte III e 1/5
Da série: Pérolas da "Comunidade" Ágil e Projetos .. **37**

Aqui adaptamos a metodologia de acordo com o
 contexto 38
Aqui não usamos ágil porque temos que ter
 documentação 38
Aqui o escopo é fechado 39

Sumário · XVII

Aqui o prazo é cravado em pedra 40

Aqui usamos a metodologia do PMBOK 42

Aqui usamos a metodologia do PMI 43

Aqui usamos metodologia própria 43

Parte III e 1/3
Da série: Pérolas da "Comunidade" Ágil e Projetos .. 45

Este risco estava mapeado? 46

Estes são os entregáveis do projeto 46

Gerente ágil de projetos 47

Já preencheu o *timesheet*? 47

Método ágil só serve para TI 48

Método tradicional 49

Modelo híbrido é a tendência 50

Não temos tempo para planejar projetos como
mandam as metodologias 51

O importante é agregarmos valor! 51

O importante é entregarmos resultado 52

Qual ferramenta vamos implantar? 53

Qual método vamos implantar? 54

Qual o *template*? 55

Se demora o mesmo tempo para entregar que o
"método tradicional", então esse tal de ágil não é
tão ágil assim 56

Tocar projeto 57

Todos os projetos são prioritários 59

Intermezzo 61

Parte III e 1/2
Da série: Pérolas da "Comunidade" Ágil e Projetos .. 63

Vamos aumentar a quantidade de recursos para
    entregar o projeto mais rápido.................................... 64
Vamos escalar o ágil... 65
Vamos fazer uma transformação ágil................................. 66
Vamos fazer uma transformação digital............................ 66
Vamos implementar ágil para entregar nossos
    projetos mais rápido... 67
Vamos implementar o Modelo Spotify............................... 68
Vamos implementar Scrum.. 69
Vamos implementar um PMO.. 70
Vamos implementar um PMO Ágil...................................... 70
Vamos implementar uma cultura DevOps......................... 71
Vamos tombar 92 SQUADS em 6 meses............................. 72
Vamos tombar o ágil na organização................................. 72
Vamos tombar o ágil na organização com a ajuda de
    um *Agile Coach*... 73
Vamos tombar o ágil na organização com a ajuda da
    Hiflex, do Vitor Massari e do Fábio Cruz........................ 74

Parte III e 3/4
Da série: Pérolas da "Comunidade" Ágil e Projetos .. 75

Você já preencheu a planilha de riscos?............................ 76
Você precisa desafiar esta estimativa, para alcançar
    o resultado da equipe, senão vai ter problemas 77

Parte IV
Da série: Ágil e TI ("... o horror.... o horror") 79

Sprints de documentação 80
Sprints de desenvolvimento... 80
Sprints de testes.. 81

Sumário   **XIX**

Sprint de integração 82

Sprint de homologação 83

Sprint de estabilização 84

Parte V
Da série: Massari Feelings **87**

Agilidade não é sinônimo de infantilidade 88

Dizer que métodos ágeis não funcionam é negar tudo
que o *Lean* e o Sistema Toyota de Produção
trouxeram de benefícios ao mundo 89

Equilibre a equação demanda x vazão x fluxo e você
vai parar de rasgar mais da metade do dinheiro
que rasga atualmente 90

Ignorar dados estatísticos é um misto de ingenuidade
com estupidez 90

Lamentação sem ação continuará sendo uma
lamentação 91

Métodos ágeis na TI sempre partiram da premissa de
que as pessoas utilizam boas práticas de engenharia
de software 92

Métodos ágeis fora da TI funcionam muito melhor e
com mais facilidade 92

O choro é livre e a meta da *Sprint* é fixa 93

O choro é livre e o *timebox* é fixo 93

Odeio *feeling* 94

Quanto mais força se empurra um sistema complexo,
com mais força ele te empurra de volta 94

Se é grande a restrição, diminua a ambição 95

Variabilidade sempre existirá em problemas complexos
resolvidos com capital intelectual, a não ser que
você seja um ciborgue ou um milagre da genética 96

Introdução

De onde surgiu a ideia de lançar uma obra com esse nome pouco convencional? Tudo começou no início de 2018, ao fazer parte do corpo docente da primeira formação de *Agile Coaching* do Brasil, coordenada pelo amigo e mentor Heitor Roriz.

Na primeira turma dessa formação ficou acordado que todos os membros do corpo docente assistiriam às aulas uns dos outros para compartilhar experiências, entender como evoluir e como conduzir a formação. Assistindo à aula do Heitor, ele solicita o seguinte aos alunos: "pegue o seu caderno e a caneta e anote aí o seu Dicionário de Termos Abomináveis do Mundo Corporativo". Então ele começa a soltar várias "pérolas" corporativas. Achei a ideia simplesmente genial e, no dia seguinte, no dia de minha aula, eu pedi que os alunos continuassem atualizando o tal "Dicionário" e trouxe novas pérolas.

Desde então comecei a incentivar a criação desse "Dicionário" em todos os meus treinamentos, no sentido de provocar os alunos a desafiar o *status quo*. Para minha total surpresa e espanto, alguns alunos estavam registrando os termos em

Dicionário de Termos Abomináveis do Mundo Corporativo

planilhas Excel e, de repente, já existiam quase trezentos termos mencionados! Para esta obra, filtrei alguns dos principais termos que serão listados a partir da Parte I.

Ah, claro! A ideia é que esta seja uma obra provocadora, mas sem perder o humor! Talvez seja um pouco politicamente incorreta, mas o meu principal objetivo é fazer com que você reflita e tire lições positivas de como ajudar a sua organização a atingir melhores resultados. Se você usa ou já usou alguma das frases/termos mencionados nesta obra, não fique chateado comigo nem considere como uma crítica direta a você. Dê risada (sim, a vida pode e deve ser mais leve) e leia sempre o recado sério que eu tenho a dizer no tópico "**Nota do autor**" de cada termo.

Esta obra está dividida em cinco partes, descritas a seguir:

Parte I – Da série: Pérolas do Mundo Corporativo – Vou listar alguns termos/jargões meio exóticos comumente utilizados nas organizações.

Parte II – Da série: Pérolas do Mundo de TI – Vamos desbravar juntos o complexo-caótico mundo de TI e listar termos que parecem mentira, mas que acontecem de verdade no mundo real.

Parte III – Da série: Pérolas da "Comunidade" Ágil e Projetos – Coloquei "comunidade" entre aspas talvez porque essa palavra me remeta a algo como comunidade hippie ou Woodstock. Nesta parte, pretendo provocar com relação a alguns termos repetidos como mantras ou "vacas sagradas".

Parte IV – Da série: Ágil e TI – Quando dois mundos colidem, as "pérolas" brotam como uma chuva de meteoros. Aqui vamos dar nomes a esses "meteoros".

Parte V – Da série: Massari Feelings – Como eu também tenho algumas pérolas pessoais, gostaria de compartilhá-las nesta obra. "Vitor, por que esse nome Massari Feelings?". Essa expressão nasceu através do meu amigo e irmão Eduardo Freire, que começou a usar esse termo toda vez que eu expresso uma opinião mais enfática ou mesmo quando estou com um mau humor momentâneo.

Introdução realizada, ative seu modo *nonsense*, encare tudo com muito bom humor e vamos refletir juntos ao final!

Forte abraço e boa leitura,
Vitor Massari

Parte I

Da série: Pérolas do Mundo Corporativo

Aqui a coisa é corrida

Em outras palavras, estamos sempre executando sem pensar, errando sempre pelos mesmos problemas, sempre mergulhados no caos ou em um mar de lama e nunca nos passa pela cabeça tentar parar um dia que seja para tirar a cabeça da lama e traçar um plano realista para sair desse caos.

Nota do autor: as coisas sempre serão corridas, ainda mais em tempos de dinamismo e alta complexidade, tanto no mercado empresarial quanto nas comunicações e nos relacionamentos. Se sempre usarmos isso como desculpa para não parar e fazer diferente ou mesmo entregar, estaremos seguindo aquela cíclica relação causal onde fazer a mesma coisa do mesmo jeito sempre trará os mesmos resultados como consequência. ☺

Asap

Muitos (bota muitos nisso) anos atrás, na primeira vez que recebi um e-mail com esse termo, foi: "favor providenciar asap". Eu fiquei em dúvida, pois a organização onde eu trabalhava possuía o sistema SAP e tinha uma célula de desenvolvimento que utilizava uma metodologia chamada ASAP. Humildemente fui perguntar para a pessoa que me enviou o e-mail do que se tratava e a resposta que eu ouvi foi: "*as soon as possible*, ou, resumindo, é para ontem!!! Não fez ainda? Vou escalar para o seu chefe!!". Foi nesse momento que eu entendi que ASAP é um termo *gourmet* e americanizado para: "PARE TUDO O QUE VOCÊ ESTIVER FAZENDO E ME ATENDA JÁ!".

Nota do autor: nada contra situações urgentes, elas de fato acontecem. Mas que tal trocar ASAP por: "por favor providencie assim que possível, assunto prioritário". Soa bem melhor e dentro do nosso belo idioma português, não acha? ☺

Causa-raiz

Termo geralmente pronunciado por aquela pessoa que cai totalmente de paraquedas em um momento de crise e estresse. É proferido como se fosse um sábio profeta das montanhas: "precisamos analisar a causa-raiz" – e sai da sala sem dar uma ideia ou mesmo ajudar as pessoas a primeiro sair da crise para depois fazer uma análise séria do motivo da crise. Em resumo, muita gente fala e pouca gente faz uma análise de causa-raiz para valer!

Nota do autor: que tal aprendermos um pouco mais sobre ferramentas como Diagrama de Causa e Efeito e Cinco Porquês e gastarmos energia realmente identificando a causa-raiz de problemas e ajudarmos nossas organizações a gastar menos tempo "apagando incêndios"? ☺

Com a minha inteligência e o seu entusiasmo, vamos longe!

A primeira vez que eu ouvi essa foi de um ex-líder, mentor e amigo muito querido! Claro que em um primeiro momento eu fiquei muito bravo e fui conversar com ele! Depois ele me contou que era uma brincadeira que ele fez comigo, mas que ele já tinha ouvido de um ex-chefe (não líder) dele. Demorei para acreditar, mas nas minhas andanças pelo Brasil afora acabei presenciando vários "gurus" empresariais e "Reis Midas" do universo corporativo soltando essa pérola para seus colaboradores. Em outras palavras, eles querem dizer: "a organização/área/departamento só está onde está graças à minha genialidade, vocês são meros mortais executores", como se fosse uma espécie de personagem divino saído da série Game of Thrones ou do jogo de videogame God of War.

Nota do autor: nada contra gênios empresariais, eles são poucos, raros, mas existem. Mas que tal deixar o ego de lado e reconhecer que o sucesso é do coletivo e não do individual apenas? 😉

Da série: Pérolas do Mundo Corporativo

Damos prioridade para soluções inteligentes de baixo custo

Em outras palavras, a chamada economia porca! Querer economizar por economizar para possivelmente bater uma meta (geralmente estúpida) de uma área de compras ou então aplicar a famosa "Lei de Gerson" para sair com uma falsa sensação de vantagem. Geralmente essa "solução inteligente de baixo custo" é boa no começo e depois traz um mar de falta de qualidade, retrabalho, sofrimento e caos para a organização. E qual a solução brilhante para resolver o problema? Buscar uma nova "solução inteligente" de baixo custo para arrumar o estrago feito pela anterior "solução inteligente" de baixo custo. E vamos rasgando dinheiro da organização sem dor no coração e na consciência.

Nota do autor: claro que não estou incentivando gastança desenfreada, mas preço não pode ser o único critério ao buscar soluções inteligentes. Precisamos pensar no custo do retrabalho e dos benefícios tangíveis que essa solução pode trazer para a organização. ☺

Departamento

Em outras palavras: silos de guerra corporativos! Foco somente em metas e eficiências locais, a organização que se exploda! Quem aqui nunca se sentiu como um jogo de luta de videogame, como Street Fighter e Mortal Kombat? TI *versus* Infraestrutura, TI *versus* negócio, Projetos *versus* Operação, Compras *versus* Jurídico, Vendas *versus* Jurídico, Marketing *versus* Vendas, Unidade São Paulo *versus* Unidade Rio de Janeiro? E enquanto isso as metas globais, aquelas que fazem a organização se manter de pé, vão ficando em segundo plano e rios de dinheiro da organização vão sendo rasgados.

Nota do autor: o livro "A Meta", do autor Eliyahu M. Goldratt, é uma bibliografia obrigatória para entender como alinhar os departamentos corporativos à meta da organização, automaticamente gerando mais colaboração e alinhamento. 'Bora ler esse livro? 😉

Departamento de inovação

Mais um silo, mais um participante do ringue descrito no tópico anterior, mas agora com característica mais "fofinha": geralmente usam *post-its*, falam que fazem "sessões" de *Design Thinking* e falam sobre "disrupção".

Nota do autor: vivemos tempos de inovação, mas vamos pensar na meta global? O que um departamento de inovação vai ajudar na meta global da sua organização? 😉

Da série: Pérolas do Mundo Corporativo   **11**

Depois acertamos o seu banco de horas

É a senha para: "perdeu, *parça*, valeu pelo seu empenho, mas essas horas vão ficar para a conta do Abreu". Geralmente essas situações ocorrem devido a um misto de políticas de RH não explícitas com relação às horas extras com o ponto de vista do seu "gerente funcional/capitão do mato", que acredita que: 1) já que você não trabalha oito horas no dia mesmo, as horas extras são uma compensação e logo você não merece receber ou 2) o departamento (silo??) possui uma meta (local??) de "redução de custos". Depois de um tempo o colaborador sai, move uma ação trabalhista contra a organização e lá se vão mais rios de dinheiro sendo rasgados.

Nota do autor: o combinado não sai caro, não é mesmo? Se você é líder, determine uma política justa; e se você é colaborador, questione sobre como a organização lida com horas extras. Alinhamento realizado = jogo combinado = menos dinheiro rasgado na organização. 😉

Dinheiro não é problema

Frase geralmente dita por algum gestor quando alguém tenta sinalizar oportunidades de melhoria para a organização rasgar menos dinheiro. Ele não está preocupado se dinheiro está sendo rasgado, pois a organização ganha muito mais do que rasga. Acontece que: 1) na prática ele jamais soltaria essa pérola para o dono ou acionista da organização; 2) é fácil soltar essa pérola, afinal de contas o dinheiro não é dele; 3) duvido que ele trata o salário dele como o dinheiro da organização.

Nota do autor: precisamos cuidar do dinheiro das nossas organizações assim como cuidamos do dinheiro que recebemos através do nosso salário. Pense em pelo menos três grandes organizações nacionais que simplesmente desapareceram do mapa por acreditarem que o dinheiro era infinito e anote em um papel. Anotou? Você deve ter pensado: "puxa, jamais imaginaria que essa organização quebraria". Então pode ter certeza que nessa organização alguém soltou um dia: "dinheiro não é problema". Logo, você não gostaria que sua organização passasse por isso um dia, certo? ☺

Drivando

O que significa "drivar" alguém? Significa que você será usado como uma experiência automotiva? Ah, é mais uma palavrinha *gourmet* para direcionar/orientar/apontar o caminho do que deve ser feito.

Nota do autor: nada conta direcionar, mas 'bora valorizar a nossa bela língua portuguesa? ☺

Ema, ema, ema, cada um com os seus problemas

Quando os "departamentos" realmente saem das sombras e se assumem como silos. A derrota do próximo é a sua vitória. Praticamente como uma espécie de jogo de xadrez ou batalha naval corporativa. Foco só nas metas locais e não nas metas globais.

Nota do autor: passamos mais tempo dentro de uma organização do que com nossos entes queridos, 'bora criar um ambiente mais colaborativo e saudável? 😊

Eu fiz a minha parte!

Quem aqui já ligou para algum *call center* de uma determinada organização que presta serviços e ouve que: "eu fiz a minha parte, o problema está no sistema" ou então para aquela organização que deve algum dinheiro a você e: "eu fiz a minha parte, o assunto agora está com o departamento de contas a pagar". Ou em uma reunião de crise, onde está se caçando o culpado pela situação e você diz: "eu fiz a minha parte", deixando a batata assada na mão do colega que está sentado ao seu lado? Isso posto, eu pergunto: nas três situações, quem perdeu? A área que cuida do sistema ou a organização que presta serviços? A área de contas a pagar ou a organização que deve algum dinheiro a você? O seu colega ao lado ou a organização como um todo?

Nota do autor: novamente um exemplo onde as metas locais prevalecem sobre as metas globais. De que adianta uma área ter um melhor desempenho do que a outra? Ou você ter um melhor desempenho do que o seu colega? Qual é a meta da sua organização? Faturar? Aumentar quantidade de clientes? Aumentar índice de satisfação de clientes? Aumentar *market share*? Pode ter certeza que não é fazendo só a sua parte que essas metas globais serão atingidas. ☺ ☺

Fazer mais com menos

Termo bonitinho para a famosa "economia porca". Isso, em geral, significa: contratar o fornecedor de melhor preço em detrimento da qualidade ou vender contratos sem aumentar o contingente para dar vazão. No geral, o menos vira mais, pois dinheiro é gasto (ou seria rasgado?) para consertar aquele "a mais" feito com "o menos".

Nota do autor: fazer mais com menos já nos foi ensinado pelo Sistema Toyota de Produção, que originou a filosofia *Lean*. Precisamos focar em encontrar tanto os desperdícios do nosso dia a dia quanto os desperdícios corporativos. Assim gastaremos menos tempo, esforço, dinheiro e recursos com coisas inúteis e, consequentemente, faremos mais. ☺

Gerente funcional

Uma espécie de capitão do mato, atualizado para uma versão moderna do século XXI, com terno e gravata, sala ou biombo particulares. Controla quantas horas você trabalha por dia, quantos minutos você fica no banheiro, quantos dias você falta para resolver problemas de saúde ou de ordem familiar. Te dar férias, então? Por quê? Está desmotivado? Ele consegue um estagiário ganhando cinco vezes menos o seu salário e que daria a vida pela vaga e nem pensaria em tirar férias com menos de dez anos de empresa. Precisa tirar um dia para fazer um curso? Para que fazer curso? Para você ser mais capacitado e "roubar" a vaga dele? Ajudar o seu amigo que trabalha para o capitão do ma... digo... gerente funcional rival do seu gerente? De jeito nenhum! Afinal de contas, você é "recurso" dele. Você pertence a ele! Deve suas horas, sua alma e sua saúde! Não gostou? Vai reclamar no RH e acertamos as contas na próxima avaliação de desempenho!

Nota do autor: sim, eu sei que aqui talvez peguei um pouco pesado! E estou longe de generalizar todos os gerentes funcionais. Por sorte, tive excelentes seres humanos como gerentes funcionais, porém os casos aqui descritos infelizmente são verdadeiros em muitas organizações. Em tempos onde falamos cada vez mais de temas como saúde laboral, foco em pessoas, psicologia positiva e *Management* 3.0, as posturas aqui descritas são dignas de comportamentos da Idade Média e os RHs das organizações precisam tomar atitudes cada vez mais firmes diante de gerentes funcionais que possuem esse tipo de comportamento. 😉

Hierarquia

Trabalhar em uma organização sem hierarquia trará uma anarquia que chegará ao caos. Então vamos criar vários cargos para evitar o caos: coordenador, supervisor, secretaria do gerente funcional/capitão do mato, gerente funcional/capitão do mato, secretaria do diretor geral, diretor geral, secretaria do assistente do vice-presidente, assistente do vice-presidente, secretaria do vice-presidente, motorista do presidente, secretaria do presidente, presidente. E, claro, como uma boa hierarquia, todas as decisões precisam ser escaladas seguindo a ordem. Então você está com um problemão daqueles e manda um e-mail para o seu coordenador com o seguinte assunto: *"Problema urgente no projeto do presidente"* e começaremos um fluxo "eficiente" de tomada de decisão:

- ✓ No final do dia o coordenador encaminha o e-mail para o supervisor – *"Enc: Problema urgente no projeto do presidente".*

Da série: Pérolas do Mundo Corporativo **17**

✓ No final do outro dia, o supervisor encaminha o e-mail para a secretaria do gerente funcional – *"Enc: Enc: Problema urgente no projeto do presidente".*

✓ Após dois dias, a secretaria do gerente funcional encaminha o e-mail para o gerente funcional – *"Enc: Enc: Enc: Problema urgente no projeto do presidente".*

✓ Uma semana depois, ao limpar seus 582 e-mails pendentes após uma semana inteira de reuniões, o gerente funcional encaminha o e-mail para a secretaria do diretor geral – *"Enc: Enc: Enc: Enc: Problema urgente no projeto do presidente".*

✓ Logo após, a secretaria do diretor geral encaminha o e-mail para o diretor geral – *"Enc: Enc: Enc: Enc: Enc: Problema urgente no projeto do presidente".*

✓ Após retornar de uma semana de viagem de negócios, o diretor geral encaminha o e-mail para a secretaria do assistente do vice-presidente – *"Enc: Enc: Enc: Enc: Enc: Enc: Problema urgente no projeto do presidente".*

✓ .....

Acho que deu para perceber que o final dessa história (se eu não errei a contagem) será um *"Enc: Enc: Enc: Enc: Enc: Enc: Enc: Enc: Enc: Enc: Re: Enc: Enc: Enc: Enc: Enc: Enc: Enc: Enc: Enc: Problema urgente no projeto do presidente"* e, possivelmente, com uma resposta parecida com algo como "se vira".

Nota do autor: longe de questionar hierarquia. A minha própria organização, apesar de enxuta, possui algumas hierarquias bem definidas. Mas temos que cuidar quando o excesso de hierarquias torna as decisões mais lentas, gera desperdícios através de tempos de espera e tira autonomia das pessoas em assuntos que poderiam ser resolvidos rapidamente, ajudando a organização a atingir melhores resultados. ☺

Meus recursos

Esses são os colaboradores do gerente funcional/capitão do mato. Como um bom gest... digo... controlador de recursos, ele garante que seus "recursos" atuem somente nas atividades que ele ordenar. Se outra gerência precisa de algum "recurso" seu para algum assunto estratégico da empresa, geralmente ouve a seguinte resposta: "meus recursos estão totalmente alocados em outras atividades, não vou conseguir atendê-lo". Pouco importa se o assunto era de importância para a empresa, os "recursos" são imprescindíveis para que as metas locais sejam atingidas e que se explodam as metas globais.

Nota do autor: precisamos perder o sentimento de posse sobre profissionais que de certa forma são subordinados a nós. Cada vez mais as pessoas trabalham por propósito, sentem-se engajadas ao possuir autonomia para ajudar a resolver problemas da organização como um todo. Lembre-se de que as metas globais devem prevalecer sobre as metas locais. ☺

Da série: Pérolas do Mundo Corporativo   **19**

Na nossa realidade isso não funciona

Frase requentada cujo significado é: "vamos continuar fazendo errado porque é mais fácil, não precisamos mexer em nada e nem no queijo de ninguém". Pode ser complementada com outro Termo Abominável visto anteriormente: "Dinheiro não é problema".

Nota do autor: ao depararmos com algo novo, como um novo processo ou metodologia de trabalho, talvez nossa postura seja reativa. Mas precisamos entender o que aquele processo/metodologia visa resolver, quais os riscos envolvidos, quais as mudanças que serão geradas e seus respectivos impactos e quais os potenciais focos de resistência, além de pesquisar *cases* de sucesso com abordagens similares. ☺

No mundo real isso não funciona

Geralmente quem diz isso tem uma concepção de que o "mundo real" corresponde à sua única experiência profissional na mesma empresa durante vinte anos, sem pesquisar ou conhecer o que o mundo lá fora está fazendo. E usa esse "mundo real" para continuar justificando coisas erradas e rasgação de dinheiro.

Nota do autor: novidades trazem ceticismo, sem dúvida alguma! Mas novamente precisamos entender as imperfeições do nosso atual "mundo real" e como essas novidades podem ajudar a tornar esse "mundo real" um pouco menos imperfeito. ☺

Nossa cultura é assim!

Termo Abominável usualmente utilizado para justificar desatinos, "banhos de sangue", retrabalhos e rasgação de dinheiro. Repetido como uma espécie de mantra, como se uma entidade mágica tivesse descido à Terra e dito: "a partir de hoje esta é a nossa cultura".

Nota do autor: a cultura de uma empresa é refletida diretamente em seus processos e políticas. Usando abordagens *Lean* conseguiremos medir o quanto os processos e as políticas estão gerando de desperdício e poderemos sugerir otimizações do processo que, consequentemente, ajudarão na construção de uma nova cultura, evitando usá-la como desculpa para não ajudarmos nossas organizações a evoluir. ☺

O ótimo é inimigo do bom

Usado em situações como sinônimo de "vamos fazer de qualquer jeito, mas não vamos dizer que estamos fazendo de qualquer jeito". Desculpa furada para usar a solução mais tosca possível ou aquela que gera o mínimo esforço intelectual.

Nota do autor: sempre devemos analisar as possíveis soluções de um problema e fazer uma análise de custo/benefício para decidir qual o melhor caminho a seguir, mas nunca negligenciar uma solução em prol de uma solução mais simplista, que é bem diferente de ser a solução mais simples. ☺

Precisamos fazer um esforço extra

Quando a solução "boa" prevalece sobre a solução "ótima" (vide Termo Abominável anterior) e tudo dá errado, aparece o profeta das montanhas (nosso protagonista-mor da obra) e avisa todo mundo: "precisamos fazer um esforço extra". A partir desse momento, adeus horário normal para chegar em casa, sábados, domingos e feriados. Bastante banho de sangue, dinheiro rasgado e, ao final, aquela selfie postada no Facebook/LinkedIn/Instagram com a legenda: "Meta cumprida. #OrgulhoDeSer... (Pense o nome de uma empresa fictícia qualquer)".

Nota do autor: claro que temos picos de trabalho em algumas determinadas situações. O grande problema é quando esses picos de trabalho são consequências de retrabalhos gerados por soluções ruins ou desperdícios existentes, mas não resolvidos. Que tal buscarmos melhores soluções e estudarmos as causas dos desperdícios para assim evitarmos "esforços extras"? 😊

Precisamos montar um plano de ação

Não importa qual o problema, qual o tamanho do problema, qual a urgência do problema, e se é que existe um problema, nosso protagonista profeta da montanha sempre surge pedindo um plano de ação e todos se reúnem traçando estratégias para sair do nada e chegar em lugar nenhum.

Nota do autor: plano de ação deve sempre estar atrelado a algum grande problema a ser resolvido e, basicamente, ter uma meta SMART (Específica, Mensurável, Atingível, Relevante e com Tempo Determinado) e um responsável. Não precisamos ficar criando plano de ação quando não temos ou não sabemos qual é o problema a ser resolvido. 😊

Te mandei um e-mail

Um Termo Abominável que é uma evolução tecnológica de outro Termo Abominável mencionado anteriormente: "eu fiz a minha parte". Geralmente a sensação ao enviar o e-mail é: "agora não é mais comigo" ou "o abacaxi agora é dele". Pouco importa se a pessoa que recebeu o e-mail tem mais 482 mensagens pendentes ou participou o dia inteiro de reuniões inúteis e não teve tempo de ler, o importante é que o "e-mail foi enviado". O importante é que SEU problema foi resolvido, mas e a organização? Ela que rasgue dinheiro! Ah, mas não esqueça de sempre guardar uma cópia do seu e-mail, pois vai que acontece de você ter que provar algo contra a pessoa que recebeu dizendo: "veja este e-mail que te enviei em 14 de setembro de 2012".

Nota do autor: e-mail é uma ferramenta importante nos dias de hoje, mas a boa e velha comunicação face a face é a maneira mais eficaz de transmitirmos informações e resolvermos problemas. Mesmo que não seja possível falar pessoalmente, pense em dar um telefonema e veja o quanto de tempo podemos economizar na resolução de problemas, consequentemente ajudando a nossa organização a atingir melhores resultados. ☺

Temos que fazer acontecer

Quando todos estão diante de um problemão e perdidos sem saber o que fazer, eis que surge seu chefe (vulgo profeta da montanha), que está tão ou mais perdido do que você, mas que, para não demonstrar, solta este Termo Abominável mais raso que piscina de criança. Qual o resultado prático final disso? Todo mundo continua tão ou mais perdido do que antes.

Nota do autor: diante de um problema caótico, o papel do líder deve ser instigar todos a pensar em melhores caminhos para a solução, trazer ideias e fomentar discussões. ☺

Vamos fazer uma força-tarefa

Sabe aquele assunto que estava fadado a dar errado desde o começo? Ou aquele assunto que você teve seis meses para fazer e com o qual você só se preocupou na última hora? Ou aquele prazo estúpido que você recebeu, mas não quis argumentar para não contrariar o gerente funcional/capitão do mato? Ou aquele chute furado que você deu para entregar algo? Você poderia ter previsto muito, mas muito antes. Porém, você esperou chegar os "44 minutos do segundo tempo" para poder executar a infame "força-tarefa" e, a partir daí, adeus noites de sono, sábados, domingos e feriados! Muita hora extra e "muito banho de sangue" pela frente! Uma boa alternativa é todo mundo se concentrar em uma sala que será o nosso próximo Termo Abominável a ser abordado: *War Room*.

Nota do autor: não deixe para sinalizar problemas no último segundo. Várias "forças-tarefa" podem ser evitadas ao não cairmos nas ciladas comportamentais como Síndrome do Estudante (deixar tudo para última hora) ou Lei de Parkinson (usar todo o tempo disponível sendo que era possível terminar antes) ou mesmo não trabalharmos com prazos irreais ou chutados. ☺

War Room

A famosa "Sala de Guerra", cheia de cartazes colados, grandes cronogramas e "planos de ação", frases motivacionais tão consistentes quanto manteiga no micro-ondas, ocultando os reais motivos da sala ter sido criada: planejamento ruim ou ausência de planejamento, ciladas comportamentais, prazos irreais, demandas irreais.

Nota do autor: *War Room* pode ser um bom dispositivo para iniciativas e projetos desafiadores, seja para criar espírito de equipe, seja para promover gestão visual. Só devemos evitar que essas "Salas de Guerra" sejam criadas somente em situações de caos geradas por negligência. 😌

Parte II

Da série: Pérolas do Mundo da TI

Arquiteto

Uma espécie de entidade mágica que conhece tudo sobre todos os sistemas e possui uma humildade ímpar ao saber que tudo passa pela sua mão e nada é decidido sem sua palavra de ordem.

Nota do autor: arquitetura de sistemas se torna cada vez mais crítica com o conjunto de soluções integradas que temos hoje, porém não devemos esquecer que o trabalho de construção de um produto de software é gerado pela combinação das várias disciplinas necessárias para entregá-lo e do trabalho cada vez mais colaborativo. 😌

Está pronto, só falta testar

A frase clássica do desenvolvedor de software preguiçoso! Geralmente esse teste é praticamente um "despertar dos zumbis", onde os *bugs* saem das catacumbas e geram horas extras intermináveis até o momento em que o prazo do projeto estoura e nosso amigo "profeta da montanha" profere nosso próximo Termo Abominável.

Nota do autor: seguindo a filosofia *Lean*, onde trabalho parcialmente concluído é considerado desperdício, devemos buscar qualidade máxima e evitar retrabalhos. Bons testes são importantes para que retrabalhos não sejam gerados. 😌

Estamos atrasados, pula a fase de testes e implanta do jeito que está

Depois de muito "está pronto, só falta testar" e muita correção de *bugs*, o tempo do projeto se esgotou e você tem aquela "meta local inteligente" de entregar 97,34% dos projetos dentro do prazo. Se algo tem que ser cortado, que tal a fase de testes? Pois nossa "meta local inteligente" fala sobre entregar no prazo e não sobre entregar com qualidade, ou seja, melhor pular a fase de testes e garantir o bônus da área e, consequentemente, meu bônus, do que focar na qualidade! Retrabalhos? Cliente insatisfeito? Relaxa, temos a "Fase de estabilização", nosso próximo Termo Abominável.

Nota do autor: Em casos de atrasos de projeto, opte por entregar menos funcionalidades, mas jamais foque em sacrificar a qualidade. Além de todos os custos futuros de retrabalhos e perda de credibilidade com os clientes finais, pode ser criado um débito técnico tão alto, mas tão alto, que será difícil e caro de pagar esse débito ao longo dos anos. 😉

Fase de estabilização

Termo geralmente utilizado para justificar a correção de um monte de *bugs* possivelmente gerados por variantes de outros Termos Abomináveis, como:

- ✓ Está pronto, só falta testar.

- ✓ Estamos atrasados, pula a fase de testes e implanta do jeito que está.

- ✓ Já montou o pacote?

- ✓ Se der problema, arrumamos em produção.

O pior é que esse termo é dito a sério por muitos gestores de TI, considerando que a "estabilização faz parte do processo". Segundo Massari (2018, Massari Feelings, Capítulo 12, Versículo 4): "apenas se estabiliza aquilo que é instável". E vamos rasgar rios de dinheiro "estabilizando" os tais *bugs*.

Nota do autor: em um ambiente cada dia mais complexo no universo de TI, onde tudo se integra com tudo, onde temos Internet das Coisas (IOT), precisamos nos preocupar com a qualidade do desenvolvimento utilizando práticas de automação de testes, integração contínua, *code review*, *build* automático, justamente visando minimizar ou eliminar essas fases necessárias para estabilizar e economizarmos o dinheiro da empresa para investir na evolução da tecnologia. ☺

Da série: Pérolas do Mundo da TI **31**

Já montou o pacote?

Costumo chamar o tal "pacote" de "comboio do horror". Geralmente depende da inspiração do desenvolvedor em lembrar tudo aquilo que ele fez, confiando na sua memória ou consultando em um caderninho. Tudo parece lindo e maravilhoso. Mas, logo após um pobre mortal aplicar esse "pacote" em ambiente produtivo, começam os problemas. "Faltou anexar o *script* de criação da tabela X", "esqueci de subir a classe Y", "não subi o arquivo de configuração para integrar com o sistema Y". E começa a maratona de caos para dar "fallback" (sinônimo de "vamos voltar atrás porque deu ruim" e possível candidato a Termo Abominável em uma segunda versão deste clássico literário) e tudo voltar ao normal antes do "pacote da alegria".

Nota do autor: utilizando o princípio de *Jidoka* do *Lean*, temos que separar o trabalho da máquina do trabalho dos seres humanos. Os seres humanos são capazes de desenvolver soluções fantásticas, porém, ao realizar trabalhos como testes ou montagem de pacote, acabam cometendo falhas. Atualmente conseguimos automatizar boa parte desses processos seguindo os princípios de DevOps e entrega contínua. Para entender como partir para esse processo de automatização, recomendo fortemente a leitura do livro "Entrega Contínua", de autoria de Jez Humble e David Farley. ☺

Na minha máquina funciona

Termo Abominável geralmente utilizado por desenvolvedor de software preguiçoso que fez meia dúzia de testes viciados ou tem uma massa de testes que não corresponde à realidade dos cenários reais a serem testados.

Nota do autor: aqui temos que pensar nos dois lados da moeda. Muitas vezes o desenvolvedor, pelo fato de não pensar em automatizar seus testes, acaba realizando somente testes que seguem pelo caminho feliz. Mas muitas vezes a empresa não disponibiliza massa de dados que reproduza ambientes reais e produtivos. Antigamente era um pouco mais complicado criar replicação de ambientes, mas atualmente, com virtualização de servidores e tecnologias *cloud*, é perfeitamente possível criar ambientes de desenvolvimento com massa de dados e comportamento de um ambiente real e produtivo. ☺

Se der problema, arrumamos em produção

Geralmente desculpa furada para justificar prazo estourado ou alguma meta corporativa atrelada à entrega. Geralmente existe uma área de "segurança/governança/infraestrutura/ *compliance*" ou algum outro nome chique para causar impacto, que finge que os desenvolvedores não possuem o recurso de consertar *bugs* direto em ambiente de produção e os desenvolvedores que fingem que não usam.

Nota do autor: sem ser insistente e repetitivo, mas, ao negligenciar a qualidade de software em favor de um prazo ou meta corporativa, geramos custos com retrabalhos e, nesse caso pior ainda, pois a organização está vulnerável quando temos acesso irrestrito a ambientes produtivos. Por mais que tenhamos boas intenções, corremos o risco de piorarmos ainda mais a situação. ☺

Sistema legado

Termo Abominável sinônimo de remendos de sistemas mal feitos ao longo dos anos. Geralmente cria-se um medo de mexer nesses sistemas, pois sabe-se lá o que é capaz de ser encontrado. A "genial" solução é criar remendos que muitas  vezes replicam funcionalidades já existentes durante anos e que ninguém sabe que existe, seja por falta de documentação ou passagem de conhecimento. Muitas vezes esses remendos são tão grandes que o tal "sistema legado" se torna uma represa rachada. E o que fazer para não deixar a represa rachar? Vamos contratar uma legião de pessoas para dar "sustentação" (deixa para o último Termo Abominável da Parte II de nossa caótica saga).

Nota do autor: claro que, com o passar dos anos, muitas empresas passam por reestruturações, pessoas entram, pessoas saem, fusões acontecem. Mas muitas vezes a melhor saída é reconstruir sistemas em vez de remendá-los. Claro que para muitos isso pode soar irreal e até romântico/idealista. Mas você já parou para pensar qual o custo atual para manter esse legado hoje? O quanto sua organização deixa de investir em melhorias e evoluções por conta do esforço empregado na "sustentação"? Gostaria de compartilhar aqui um *case* bem bacana de uma grande empresa para mostrar que, sim, é possível! O *link* é: <https://www.youtube.com/watch?v=-kO8ztgQq58> 😉

Sustentação

Segundo Massari (2018, Massari Feelings, Capítulo 19, Versículo 1): "apenas se sustenta aquilo que é frágil". Alguns gestores de TI justificam rasgações de dinheiro nababescas em nome do discurso de que "precisamos dar sustentação aos sistemas".

Gastar dinheiro com automação de testes? "Na nossa realidade não se aplica". Evitar se comprometer com prazos estapafúrdios? "Nossa cultura é assim mesmo, sangrar de vez em quando é preciso". Evitar metas de entrega sem associar a qualidade/benefício gerados? "O benefício é entregar no prazo". Refletir sobre como melhor qualidade significa rasgar menos dinheiro? "Aqui dinheiro não é problema". Isso posto, vamos "investir" dinheiro em aumentar nossa "equipe de sustentação".

Nota do autor: claro que muitas vezes temos que ter equipe para atender a chamados de problemas sistêmicos, mas a maior questão é quando os problemas são grandes e, em vez de usar um pensamento Six Sigma e atuar na causa-raiz, criamos equipes para cuidar da "rachadura da represa". ☺

Parte III e 1/5

Da série: Pérolas da "Comunidade" Ágil e Projetos

EPISÓDIO: EU VOLTEI, VOLTEI PARA FICAR, PORQUE AQUI, AQUI É MEU LUGAR

Aqui adaptamos a metodologia de acordo com o contexto

Geralmente esta frase, na prática, representa: "até acreditamos nessa metodologia, mas não vamos mudar uma vírgula em nossos processos, principalmente aqueles que rasgam dinheiro (afinal de contas, dinheiro não é problema, vide Termo Abominável localizado na Parte I desta saga) ou que acomodam nossos interesses políticos".

Nota do autor: nenhum problema em adaptar metodologia com seu cenário, afinal de contas eu não acredito no modelo "luva" ou "one size fits all". Mas adapte somente depois de dominar os conceitos básicos e medir os resultados/métricas que darão subsídios para possíveis adaptações. ☺

Aqui não usamos ágil porque temos que ter documentação

Geralmente esta pérola é utilizada em duas situações: 1) quando a pessoa ainda acredita que ágil é um movimento derivado de uma suposta comunidade hippie que vai invadir sua organização, queimará todos os documentos e processos e transformará tudo em um mar de *post-its*, ou, 2) quando o

apego emocional aos processos e *templates* criados (sendo que no máximo uns 10% servem para alguma coisa) é tão grande que o tal do ágil vira um inimigo a ser combatido.

Nota do autor: ágil não está relacionado com falta de documentação e sim em ter documentação enxuta, ou seja, somente aquela necessária. No geral, devemos sempre questionar o propósito de uma documentação perguntando: quando ela será usada, com qual periodicidade, por quem e para quê. Se alguma dessas perguntas gerar dúvida, possivelmente você está diante de algo questionável. Ah, e apenas um detalhe: isso não está relacionado em nada com métodos ágeis e sim com o conceito de *Lean Office*. ☺

Aqui o escopo é fechado

Escopo fechado é uma espécie de "vaca sagrada" do mundo de gerenciamento de projetos. Estatisticamente falando, quantos projetos você conduziu nos últimos cinco anos com o escopo entregue exatamente com a especificação original, sem nenhuma mudança? Não vale dizer que é porque o cliente não sabe o que quer, que as prioridades mudam, etc., etc. porque ouço isso pelo menos umas 15 vezes por semana. Se você SABE que o escopo vai MUDAR, por que você continua em busca da "vaca sagrada"?

Nota do autor: tratar escopo como estoque, usando técnicas como elaboração progressiva ou o conceito de *Master*

Plan e *Look Ahead Plan*, ajuda você a ter um escopo definido, porém refinado no meio do caminho, fugindo da falácia do tal "escopo que não é fechado é aberto". 😉

Aqui o prazo é cravado em pedra

Geralmente esse prazo nasce de uma combinação transcendental de Cálculo Holístico Universal Transversal Empírico (vulgo CHUTE ou CHUTS em alemão), com dons cognitivos de Mãe Dinah acrescidos de "margem de segurança" (vulgo "gordurinha" ou "já que eu não faço a mínima ideia, deixa eu jogar um prazo que não me comprometa"). Acordos, metas, pressões e "banho de sangue" começam a girar em cima desse prazo gerado com base no "feeling" (termo fofinho para a combinação de nada com coisa nenhuma). Claro que você pode usar mais termos *gourmet* e dizer que se baseou em experiências de projetos anteriores (terapia de regressão??) ou mesmo sacar todo o seu conhecimento (teórico) de PMBOK e falar que se baseou em estimativa análoga, paramétrica ou mesmo PERT com distribuição Beta (ninguém vai entender nada, mas fala se não causa um efeito impactante?). E rios de dinheiro vão sendo rasgados para se comprometer com prazos gerados a partir de intuição subjetiva, considerando também que teremos ZERO variabilidade, afinal de contas não vivemos cenários de incertezas e somos "recursos" com produtividade previsível como máquinas ou mesmo ciborgues ou milagres da genética.

Nota do autor: quando falamos de prazo, primeiramente precisamos entender qual o custo do atraso associado (*cost of delay*): é a perda de um *time-to-market*? É uma multa por descumprimento de uma norma regulatória? É uma exposição alta a uma ameaça iminente? Depois questione: o custo do atraso é significativamente menor que o benefício gerado? Se for simplesmente para cumprir prazos por metas departamentais, questione a meta global da organização: "se este projeto atrasar, que meta global da minha organização estarei comprometendo?". E para ir refinando o prazo inicial, use abordagens estatísticas para tratar a variabilidade gerada por pessoas, processos e produtos. Para métodos ágeis, colete o esforço por *Sprint*; para *Kanban*, colete a vazão (*throughput*) por tempo médio (*lead time*); para *waterfall*, elimine os *buffers* entre as atividades, reduza o *lead time* e utilize o conceito da Corrente Crítica (Goldratt); e em todos os casos calcule o pulmão com base no nível de incerteza gerado por pessoas, processos e produto. Colete essas métricas e use média, mediana, moda, percentil, Monte Carlo (para aterrissar mais nesses conceitos, sugiro a leitura dos excepcionais livros "Métricas Ágeis", do Raphael Albino, "Corrente Crítica", de Eliyahu M. Goldratt, e o não tão excepcional assim "Agile Scrum Master no Gerenciamento Avançado de Projetos", de autoria deste que vos escreve). 😊

Aqui usamos a metodologia do PMBOK

O que seria a metodologia do PMBOK?? Juro que li suas várias edições e em lugar nenhum eu consegui encontrar a palavra metodologia! Geralmente se usa esse termo para justificar que: "aqui nossos processos de gerenciamento são extremamente burocráticos, foco zero

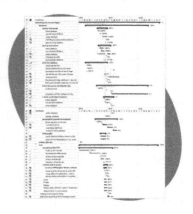

no cliente e na entrega e foco total na documentação e nos processos". Aí me pergunto: onde nosso querido PMBOK diz que é para fazer isso?? Que tal assumirmos que simplesmente interpretamos errado a real mensagem que o PMBOK quis nos passar e que a culpa dos processos "elefantes brancos" é inteiramente nossa, seres humanos?

Nota do autor: o PMBOK é um guia de boas práticas que diz que em todo projeto devemos olhar para escopo, tempo, custo, qualidade, RH, comunicações, riscos, aquisições, partes interessadas e garantir que a coisa toda se integre. Ele possui X processos (não vou explicitar a quantidade de processos para não ter que atualizar este livro a cada mudança de edição do PMBOK 😊) que podem ou não ser usados ou adaptados. Ele não aponta nenhum padrão de documentação ou processo a ser seguido. 😉

Aqui usamos a metodologia do PMI

Uma evolução do termo anterior, mas agora culpando o PMI (*Project Management Institute*) pela implantação de processos burocráticos e ineficientes de gestão de projetos nas organizações!

Nota do autor: o PMI (*Project Management Institute*) é uma instituição sem fins lucrativos que visa compartilhar e disseminar boas práticas de gerenciamento de projetos. Não é criador ou guardião de metodologia nenhuma. ☺

Aqui usamos metodologia própria

Pronto! Aqui você sabe que está diante do caminho perfeito para o caos! Geralmente as tais "metodologias próprias" são verdadeiros *Frankensteins* juntando o pior das piores práticas.

Nota do autor: nada contra metodologia própria, desde que seja o melhor das melhores práticas e seja construída a partir de experiências práticas com as metodologias combinadas. ☺

Parte III e 1/3

Da série: Pérolas da "Comunidade" Ágil e Projetos

Episódio: ordem alfabética depois do AQUI

Este risco estava mapeado?

Sabe aquela situação que não tinha como você prever de jeito nenhum, a não ser que você fosse um vidente ou tivesse o DNA da finada Mãe Dinah? E aí, quando essa situação acontece, aparece aquele nosso sábio profeta das montanhas (olha ele de novo!!) soltando o Termo Abominável aqui mencionado.

Nota do autor: riscos devem ser mapeados sempre, mas há situações de completa imprevisibilidade que não tem o que fazer. Você precisa estar preparado para uma solução de contorno. Ficar profetizando que o risco deveria ter sido mapeado não irá resolver o problema. ☺

Estes são os entregáveis do projeto

Como diria meu querido amigo e mestre Farhad Abdollahyan: "entregável" é intragável. Projeto entregue é quando os produtos/serviços/processos/soluções estão prontos. E "entregável" é um neologismo criado a partir da palavra original "deliverable".

Nota do autor: possivelmente você deve ter usado ou usa bastante este termo. Aqui o propósito é evitar o neologismo e associar entrega a algo tangível e real. Não fique chateado, eu mesmo em meus livros anteriores e até em alguns artigos me esqueço disso! Mas vamos ficar mais antenados a partir de agora, combinado? 😉

Gerente ágil de projetos

O que seria esse gerente ágil de projetos? Quem são? Onde vivem? O que comem? Como fazer para se enquadrar nessa nobre categoria? E quem não se enquadra? Deve colocar o quê no currículo ou no LinkedIn? Que é um gerente "lento" de projetos, uma vez que não é "ágil"?

Nota do autor: gerente de projetos é gerente de projetos. Devemos parar de criar novos rótulos e pensar mais nas habilidades. Você pode ser um gerente de projetos com conhecimentos em métodos/*frameworks*/práticas/técnicas ágeis se fizer sentido, mas não precisamos criar um novo rótulo/cargo/função para isso, não acha? 😉

Já preencheu o *timesheet*?

Em outras palavras, o meio eletrônico para eu conferir se você está trabalhando realmente naquilo que você deveria estar trabalhando. Uma espécie de atualização dos métodos de inspeção do capitão do mato para o século XXI.

Nota do autor: cada vez mais acredito e tenho vivenciado melhores resultados com metas compartilhadas. A meta deve ser o resultado do grupo de trabalho dentro de um intervalo predefinido de tempo, e não produtividade por quantidade de horas trabalhadas. O sistema de metas compartilhadas faz com que os membros de baixo desempenho busquem contribuir mais ou mesmo saiam do grupo. ☺

Método ágil só serve para TI

Claro, afinal de contas só TI tem projetos ruins, burocráticos e que geram desperdícios, certo? Ainda bem que projetos de obras, marketing, educacional, pesquisa sempre são entregues dentro do prazo, custo e qualidade esperados. Ainda bem que na Copa do Mundo de 2014 inauguramos todos os estádios em condições impecáveis, certo? #SóQueNão. Mas para quê ágil? Só porque ágil utiliza conceitos do *Lean*, como fluxo contínuo, *takt-time*, *Jidoka* e *Kaizen*/PDCA (melhoria contínua)? Ainda bem o *Lean* nasceu da Toyota e a Toyota faz software, certo?

Nota do autor: fica aqui a dica para entendermos mais sobre *Lean* e como os métodos ágeis nasceram diretamente do *Lean*. Fluxo contínuo virou *Sprint*, *Kaizen* virou Retrospectiva, *takt-time* virou velocidade, *Jidoka* virou Definição de Pronto. Claro que não temos como fazer aplicação pura de métodos ágeis em alguns projetos, como engenharia civil e obras petrolíferas, mas negligenciar ou subestimar o uso de práticas ágeis nesse tipo de projeto é negligenciar o que o *Lean* e o Sistema Toyota de Produção nos trouxeram de positivo e de aprendizado. ☺

Método tradicional

O que seria um método "tradicional"? Toda vez que penso nessa palavra "tradicional" penso em uma marca de café que era conhecida por ser chamada de tradicional. Quem não usa método tradicional usa o quê? Método "disruptivo"? O que faz este método tradicional? Onde posso encontrar um livro escrito sobre "Gestão Tradicional de Projetos"? Quer dizer que se eu aprendi a gerenciar projetos no "método tradicional" eu sou um gestor "tradicional" ou ultrapassado talvez? E se eu uso método ágil eu estou na moda?

Nota do autor: a mensagem a ser passada aqui é evitarmos rótulos. Que tal chamarmos os métodos pelos seus nomes originais? Estamos falando de *waterfall*/cascata e ágil. Método cascata continuará existindo, principalmente em projetos de natureza preditiva como construção civil, produção automotiva, ramo petrolífero. E método ágil continuará fazendo sentido em projetos de alta complexidade e alto nível de incertezas onde o empirismo deverá ser usado para a eliminação dessas incertezas. Dica: procure o *framework* Cynefin na internet para entender mais o conceito de preditivo e empírico. ☺

Modelo híbrido é a tendência

Discurso fácil de quem não quer se comprometer. Geralmente vem daquele gerente "tradicional" que não quer assumir que usa diversas práticas/métodos/*frameworks*/técnicas ágeis para não soar "disruptivo" ou "traidor do movimento" ou daquele "agilista" que quer ficar bem com a "comunidade tradicional". O que leva você a determinar se modelo híbrido é a tendência? Não vale sacar aquela frase mais requentada que café de anteontem: "o importante é utilizar a caixinha de ferramentas" ou "o importante é usar aquilo que entrega resultado"! Ah sei, baseado no seu "feeling" e em "experiências (de vidas?) passadas"! Use *feeling* para coisas que precisam de *feeling*; para as demais busque relações entre causa (o que preciso fazer) e efeito (qual o resultado obtido). Qualquer adoção de modelo (ágil/"tradicional"/híbrido) sem estabelecer essa relação é pura invenção de moda e dor de cabeça.

Nota do autor: a dica aqui é não cair em armadilhas de formas prontas ou frases de efeito. Estabelecer uma relação causal entre o problema e a solução é de extrema importância. Eu tenho mais elementos preditivos do que desconhecidos? Eu tenho mais elementos preditivos, mas alguns elementos desconhecidos que podem impactar meu projeto? Eu tenho alguns elementos preditivos, porém a maior parte dos elementos é desconhecida? O projeto é totalmente desconhecido? São essas relações causais que vão ajudá-lo a determinar qual caminho seguir. Ficou meio abstrato? Procure o *workshop* Imersão Ágil mais próximo de sua residência. ☺

Não temos tempo para planejar projetos como mandam as metodologias

Claro! Não tem tempo para planejar, mas tem tempo para refazer!! Mas o "refazer" sai do seu OPEX e não do CAPEX, certo? Então, sob uma perspectiva financeira, a conta do seu projeto "fecha". Sob a perspectiva *Lean*, você está rasgando o dinheiro da sua organização, mas tudo bem – afinal de contas, "aqui dinheiro não é problema".

Nota do autor: cada vez mais abordagens colaborativas como *Design Thinking*, *Design Sprint* (Google), *Project Thinking* e *Project Sprint* (Eduardo Freire), *Inception* Enxuta (Paulo Caroli) e *Project Model Canvas* (José Finocchio) ajudam a refinar ideias de planejamento gastando entre 1 e 5 dias, mas economizando em meses de retrabalho e custos, principalmente analisando todo o ciclo de vida do produto do projeto, desvinculando o conceito de CAPEX e OPEX e medindo o desempenho do produto. ☺

O importante é agregarmos valor!

Frase cheia de pompa dita aos quatro ventos principalmente por: 1) novos agilistas deslumbrados com os novos conhecimentos ou 2) agilistas de WhatsApp, aqueles que gastam horas lendo livros e debatendo em grupos mas não possuem experiência prática nenhuma ou 3) agilistas que não conseguiram evoluir para o estágio seguinte e entender conceitos complementares como *Lean*, estatística, Teoria das Restrições e Corrente Crítica ou 4) pessoa *sambarilove* que sempre atrasava projetos usando *waterfall* e agora usa essa frase requentada para ficar atrasando em método ágil. Está em uma discussão diante de uma pessoa assim? Encerre logo usando técnicas *Massarianas* de discussão: "o que é valor? Como definir? Como medir? Como saber quantitativamente e objetivamente se estou entregando valor ou não?".

Nota do autor: valor e benefício devem sempre ser mensurados de alguma forma, e, por incrível que pareça, este tem sido um grande desafio para as organizações. Qualquer método (ágil ou não) precisa ter benefícios mensuráveis para justificar a sua continuidade. Recomendo leituras sobre PRINCE2°, especificamente os tópicos de *Business Case*, Plano de Revisão de Benefícios e MoV (*Management of Value*), ambos da AXELOS. ☺

O importante é entregarmos resultado

Termo Abominável variante do Termo Abominável anterior, "O importante é agregarmos valor". Geralmente é dito por quem nunca entregou um resultado prático em projetos, mas adora propagar esse termo aos quatro ventos. Técnica

Massariana de discussão: "onde você entregou resultados dessa forma? Qual cliente? Posso fazer uma visita?".

Nota do autor: assim como o Termo Abominável anterior, resultado é algo que também deve ser mensurado e comprovado na prática. ☺

Qual ferramenta vamos implantar?

Que tal o Jira para fazermos gestão de requisitos, integrado com o Trello para usar um quadro de tarefas sem precisar comprar quadros e *post-its*, exportando para o Microsoft Project para "converter" um cronograma "ágil" para um cronograma "tradicional", também conectando com o sistema de apontamento de horas? E aí dando um clique mágico em um sistema concebido/vendido por um palestrante/consultor você conseguirá exportar aproximadamente 18 tipos de gráficos e relatórios detalhados que podem ser enviados tanto para o PMO da sua organização quanto para a alta gestão.

Nota do autor: você deve se perguntar: qual o propósito das ferramentas? Ou seja, que problema ela resolve? Por exemplo, não saia instalando Jira na sua organização apenas porque um "agilista" deslumbrado é apaixonado pela ferramenta e teve experiências positivas em outra organização. Pense em qual dificuldade que você enfrenta na gestão do seu projeto, cuja facilidade pode ser oferecida pela ferramenta. Muitas vezes uma simples planilha Excel pode ser de extrema valia. Uma coisa que aprendi ao longo de minha jornada é que uma planilha Excel com macros VBA podem literalmente "fazer chover", mas claro que isso talvez seja inviável em uma organização de dez mil pessoas. Primeiro entenda o problema enfrentado e depois busque a ferramenta, sempre realizando análise de custo/benefício. ☺

Qual método vamos implantar?

Você pode escolher como se estivesse com um carrinho de supermercado: vamos de Scrum? É baratinho, parece simples e tem um monte de termos bacanas! Ou então um tal de Modelo Spotify? Que tal um meia muçarela e meia calabresa, usando um "modelo híbrido" (oi?)? Vamos implantar "PMI" (oi?)? Ou um "PMO"? Talvez o PMBOK (oi?)? E também aquele quadrinho dos *post-its*, qual o nome mesmo? Ah, *Kanban*, né? Com K maiúsculo ou k minúsculo? Vamos perguntar para o órgão certificador. Será que esses métodos já vêm com "manual de uso"?

Nota do autor: qualquer adoção de método deve estar atrelada a uma gestão pragmática de mudanças orientadas a objetivos, ou seja, deve ser algo que vai ajudar a resolver problemas que o método atual já não está mais resolvendo e trazer ganhos mensuráveis para a organização. Não saia em busca de métodos simplesmente por modismo ou como se fosse um produto de prateleira exposto em um supermercado. ☺

Qual o *template*?

Depende. Se é método ágil, o *template* é um *canvas*. Se o método é tradicional, você usa nosso *template* de termo de abertura de projeto com 22 tópicos. Se for híbrido, você passa a limpo tudo que você fez no *canvas* no nosso *template* tradicional. Se for ágil, o *backlog* fica em um Excel com oito colunas. Se for tradicional, é cronograma Gantt na veia. Se for híbrido, cola as histórias do Excel no Project.

Nota do autor: parece sem sentido, não é mesmo? Mas seguindo o culto a ferramentas e métodos, muitas organizações continuam em busca de seus *templates* (ou como diria meu amigo Eduardo Freire: em busca do *canvas* perdido) sem entender a qual propósito esse *template* atende, qual problema ele resolverá, o que ele gerará de benefícios, quando ele pode ser usado, por quem e para quê. Primeiro responda a essas perguntas e depois analise qual ferramenta/método/*template* será necessário. 😌

> **Se demora o mesmo tempo para entregar que o "método tradicional", então esse tal de ágil não é tão ágil assim**

Sem dúvida que temos problemas, afinal de contas ágil é agilizar, tornar mais rápido, certo? Então vamos usar práticas "tradicionais" como compressão de cronograma (em outras palavras, todo mundo trabalhando 16 horas por dia ou "banho de sangue"), paralelismo  (formando várias "SQUADS" para trabalhar em várias frentes) ou aumento de "recursos" (digo, escravos) para ver se o ágil fica mais ágil.

Nota do autor: ágil não está relacionado com rapidez. É termos um olhar crítico sobre aquilo que nos deixa lentos (desperdícios). Em um primeiro momento podemos até argumentar que não importa se o tempo é o mesmo, pois através de entregas incrementais e inspeções regulares estamos garantindo maior alinhamento da entrega final e evitando grandes retrabalhos. Se realmente diminuir o prazo é algo importante, que tal tirarmos o olhar do método de construção e analisarmos se conseguimos otimizar os processos envolvidos utilizando técnicas de *Lean Office* como Mapeamento da Cadeia de Valor (VSM), 5S e *Kaizen*? 😉

Tocar projeto

Este é o momento onde você bate no peito e diz com muito orgulho: "eu atualmente estou tocando 20 projetos". Literalmente você está tocando, só encostando mesmo, porque, numa simples conta de padaria, em um expediente de 8 horas, temos a seguinte conta:

> **6 horas por dia (uma vez que você não produz o tempo todo em uma jornada diária de 8 horas) * 60 minutos = 320 minutos, onde você se divide em 20 projetos, logo: 320 minutos / 20 projetos = 16 minutos por projeto**

Claro que não haverá perda de produtividade pelo tempo de reação do seu cérebro humano ao "mudar a chave" de um projeto para outro, afinal de contas, com o privilégio de receber o salário que você recebe e trabalhar na organização onde você trabalha, sua produtividade deve ser equivalente à produtividade de um ciborgue ou de um milagre da genética. Ah, claro, sua organização sabe que sua produtividade por projeto vai diminuir, consequentemente aumentando o *lead time*/prazo de todos os projetos. Então, para solucionar o problema, aumente sua jornada de 8 para 14 horas diárias. E não reclame, afinal de

58 Dicionário de Termos Abomináveis do Mundo Corporativo

contas tem pessoas que dariam a vida para trabalhar na organização onde você trabalha. Ah, e lembrando que atrasos e problemas de qualidade não serão permitidos, ok?

Nota do autor: perceba no trecho destacado em negrito que se trata de uma simples conta matemática: quanto mais itens em andamento (demanda), menor será a minha produtividade (vazão), consequentemente aumentando o tempo de entrega. John Little, através de sua hipótese validada chamada Lei de Little, já nos provou matematicamente que quanto maior o tamanho da fila (ou trabalho em progresso, WIP, *Work In Progress*), maior o tempo de espera (*lead time*) e menor será a vazão (quantidade de itens concluídos). Além do mais, temos uma perda de produtividade por conta do nosso cérebro se desligar de um assunto e entrar em outro, podendo gerar distrações e, consequentemente, falhas. Limitando o trabalho em progresso, conseguimos fazer menos coisas, porém entregando mais em menos tempo. Se você tem dúvida, pense no trânsito da sua cidade quando você retorna do trabalho para a casa. Quando tem muito trânsito (trabalho em progresso), o que acontece? Você demora mais para chegar em casa (*lead time* maior) e menos carros conseguem concluir o trajeto (vazão). E quando o trânsito está normal? Concorda que a fila de carros diminuiu, você chegou em casa mais cedo e mais carros também conseguirão chegar aos seus destinos em menos tempo? Está cético ainda? Faça um pequeno exercício: pense em sete nomes e os escreva em um pedaço de papel, um nome embaixo do outro, cronometrando o tempo a partir do instante em que você começar a escrever até o término da escrita dos sete nomes. Anote esse tempo. Zere o cronômetro e escreva novamente, porém no sentido vertical, ou seja, escreva a primeira letra de cada nome, uma embaixo da outra, depois escreva a segunda letra, a terceira letra e assim por diante. Compare os tempos e verifique a qualidade da letra e a quantidade de erros que você cometeu. Olhe para a diferença de tempo e pense nisso, principalmente na perspectiva de custo e desperdício. ☺

Todos os projetos são prioritários

Aqui você poderia soltar aquela frase requentada: "onde tudo é importante, nada é importante", só que esta frase é tão clichê, mas tão clichê, que por um triz não entrou nesta obra como mais um Termo Abominável. Aqui estamos diante de um Termo Abominável que no geral resulta no Termo Abominável anterior ("Tocar projeto"), que resulta em atrasos homéricos e faz com que nosso sábio profeta das montanhas (olha ele! olha ele!) surja de seu isolamento de sabedoria e diga: "vamos montar um *War Room*". Não satisfeito, ele diz na sequência.......... chega.... chega.... chega..... Muito Termo Abominável por ora, certo? Vamos dar um breve intervalo para você relaxar.

Nota do autor: não tem. Reflita e curta o intervalo preparado para você relaxar. ☺

Intermezzo

Parte III e 1/2

Da série: Pérolas da "Comunidade" Ágil e Projetos

CONTINUAÇÃO: EPISÓDIO "VAMOS..."

Vamos aumentar a quantidade de recursos para entregar o projeto mais rápido

Claro, afinal de contas nossa produtividade é idêntica à produtividade das máquinas. Somos uma mistura de ciborgues com milagres da genética. Se três "recursos" trabalham 40 horas produtivas cada um por semana, isso resulta em um total de 120 horas, certo? Logo, se contratarmos mais duas pessoas, saltaremos de 120 horas para 200 horas! Um aumento de quase 70% de produtividade!!!! Pouco importa a variabilidade existente na formação de uma equipe de acordo com a Escada de Tuckman (Formação, Conflito, Acordo e Desempenho), pouco importa que os canais de comunicação, que geram mais complexidade ainda ao projeto, saltarão de três para dez! Afinal de contas, temos produtividades idênticas! Resistência é fútil![1]

Nota do autor: uma vez que seres humanos geram variabilidade em qualquer processo construtivo, devemos ter consciência de que a produtividade não aumenta de forma proporcional ao aumento de profissionais na equipe do projeto. Questões como motivação, entrosamento, relacionamento em equipe e habilidades técnicas impactam diretamente. Minha sugestão é que o aumento de profissionais seja considerado caso existam lacunas de habilidades/*skills* a serem preenchidas, e não no sentido de "fazer mais rápido". ☺

---

[1] Tradução de *resistance is futile*, frase clássica do seriado Jornada nas Estrelas: A Nova Geração.

Vamos escalar o ágil

Para quê gestão de mudança? Se é ágil, significa que é mais rápido, então para "escalar o ágil" sejamos ágeis! Vamos pegar nossos times "go horse" de hoje e chamar de SQUADS, vamos colocar umas paredes coloridas, uns pufes, quadrinhos com *post-its* e vamos chamar de *Kanban*, fazer reunião em pé todo dia e "agregar valor" toda semana. Ah, vamos também montar um PowerPoint bem bacana e palestrar pelo Brasil com o tema: "como transformamos nossa empresa em uma cultura ágil".

Nota do autor: ágil está relacionado com *Lean*, eliminação de desperdício, foco em pessoas, em colaboração e em excelência técnica, e segue os princípios da melhoria contínua (também conhecido como *Kaizen*). Mudar de uma determinada abordagem para a abordagem ágil significa que estamos diante de uma mudança. E que tal tratarmos esse movimento com uma gestão de mudança ordenada, evolucionária e atrelada a objetivos da organização? O que torna a sua organização lenta (contrário de ágil)? Que planos devemos traçar para gradativamente irmos otimizando as restrições e tirarmos melhor proveito do novo método de trabalho pretendido? ☺

Vamos fazer uma transformação ágil

O que seria uma transformação ágil? Você acorda lento e no outro dia acorda ágil? Uma espécie de borboleta que se transforma? O que precisa para essa transformação? Um treinamento fofinho cheio de *post-it* da parede e aquela foto esperta no LinkedIn? Um "Agile Coach" que vai ajudar você a descobrir seus segredos mais profundos e provocará uma revolução na sua vida?

Nota do autor: que tal se mudarmos o nome de transformação ágil para gestão pragmática de mudança para abordagens enxutas? A palavra "transformação" causa desconforto e resistência em muitas pessoas e, bem ou mal, se a empresa continua de pé é porque ela possui virtudes e coisas boas. Mencionar que uma transformação será feita significa ignorar tudo de bom que a empresa fez até hoje. Agora ela pode conduzir uma mudança para obter resultados diferentes e melhores que os atuais. 😉

Vamos fazer uma transformação digital

Vamos pegar todos os nossos softwares e produtos ruins, dar uma carinha moderninha, publicar um aplicativo nas lojas de dispositivos *mobile* e montar aquele PowerPoint estratégico para contar sobre nossa jornada de transformação digital.

Nota do autor: estamos partindo para um mundo onde as soluções digitais são cada vez mais necessárias para resolver problemas do nosso cotidiano. Mas transformar as atuais soluções em soluções digitais implica em revisitar a qualidade do produto, sua arquitetura, em entender mais quais são as dores do cliente, em revisar os processos de planejamento e construção de novos produtos e soluções. Não é simplesmente sair construindo aplicativo para tudo, ignorando os pontos anteriores. 😉

Vamos implementar ágil para entregar nossos projetos mais rápido

Ágil vai ajudar bastante! Afinal de contas, tem reunião diária para cobrar todo mundo, toda semana tem que ter entrega, logo todo mundo vai ter que correr mais porque segundo Massari (Massari Feelings – Parte V desta obra): "o choro é livre e o *timebox* é fixo".

Nota do autor: na minha humilde visão, ágil está relacionado sempre com esses fatores: objetivo/eficácia, ser adaptativo na imprevisibilidade, eficiência operacional aliada à eliminação de desperdício. A rapidez é uma consequência de todos esses fatores e não o objetivo a ser perseguido com a utilização de métodos ágeis! Ah, e não use os pensamentos Massari Feelings de forma distorcida! ☺

Vamos implementar o Modelo Spotify

Vamos renomear nossa atual estrutura com uns nomes bacaninhas como Tribos (ou *Tribes*, para ficar mais estiloso), Capítulos (*Chapters*, para gastar o inglês), SQUADS (aqui vale a pena traduzir para "Esquadrão" porque gera mais impacto) e Guildas e manter tudo do jeito que está. Mas não podemos esquecer de colocar no PowerPoint: "como mudamos nossa cultura através do Modelo Spotify".

Nota do autor: os próprios *Agile Coaches* do Spotify, entre eles Henrik Kniberg (autor do livro "Scrum e XP Direto das Trincheiras"), constantemente reafirmam que não existe Modelo Spotify. O que existe é um *framework* de trabalho customizado para as dores e necessidades do Spotify que não necessariamente resolverão as dores e necessidades da sua organização. Claro que não há problemas em utilizar alguns termos mais *gourmetizados* oriundos desse *framework*, como SQUADS e Tribos, desde que eles tenham como propósito resolver problemas da sua organização e sejam adequados para definir o *framework* de trabalho da sua organização e não um simples "copiar e colar" do que a Spotify está fazendo. ☺ ☺

Da série: Pérolas da "Comunidade" Ágil e Projetos **69**

Vamos implementar Scrum

Este é o mais fácil de todos! Pega um perdido no corredor e chama de *Scam Masti*, pega outro perdido no corredor e chama de *Poduti Oni*, coloca uns *post-its* na parede e começa a "Sprintar" como se o Scrum fosse um martelo que prega todos os tipos de pregos e resolvesse todos os tipos de problemas.

Nota do autor: Scrum é um *framework* para construir produtos/soluções de natureza complexa. Ele é altamente prescritivo no diz respeito às características e responsabilidades de cada papel. Então o primeiro ponto a refletir é: Scrum é aderente ao tipo de problema que sua organização enfrenta? Talvez seja bem útil para um projeto de campanha de marketing, pesquisa farmacêutica, mas pouco prático pensando em um projeto de engenharia ou petrolífero. Com relação aos papéis, sua empresa possui as pessoas com habilidades necessárias para ser *Scrum Masters* (e não *Scam Mastis*) e *Product Owners* (e não *Poduti Onis*)? As equipes de execução estão preparadas e possuem o perfil para trabalhar de forma auto-organizada? 😉

Vamos implementar um PMO

Agora teremos controle sublime sobre todos os nossos projetos, relatórios completos, indicadores confiáveis e sairemos do caos atual. Porque o papel do PMO é "cobrar, cobrar e cobrar".

Nota do autor: como diz o meu amigo e guru no assunto PMO, Américo Pinto, um PMO tem que ter um propósito na organização, caso contrário não serve para nada. Qual lacuna de gestão será preenchida com a criação de um PMO? Sinalização de projetos? Centralização de informações? Medição de benefícios? Sua metodologia PMO Value Ring é fantástica para você ter esse entendimento de qual valor o PMO vai trazer para a sua organização. E, para finalizar, se sua empresa estiver no caos, sugiro estudar o *framework* Cynefin antes de pensar em um PMO. ☺ ☺ ☺

Vamos implementar um PMO Ágil

Implementamos o PMO, mas agora ficou burocrático, cheio de controles de processos, cheio de cronogramas, cheio de cobranças. 'Bora que a moda agora é agilizar. Vamos tornar o nosso PMO Ágil. Bastante *post-it* na parede, as equipes autogerenciam seus projetos e agora usamos aqueles quadrinhos fofinhos que eles usam para reportarmos os status dos projetos da nossa organização.

Nota do autor: afirmo categoricamente que NÃO existe PMO Ágil. Então o PMO que não é ágil deve ser considerado "lento"? "Ah, enfim te peguei, Massari! Seu sócio fala sobre PMO Ágil e isso faz parte do portfólio da empresa de vocês, a Hiflex". Nada disso, jovem! Meu querido amigo e sócio Fábio Cruz desenvolveu e validou um *framework* chamado PMO Ágil®[2] que bebe na fonte do *Lean* e serve para o acompanhamento de múltiplos projetos, independentemente da abordagem utilizada neles, absolutamente nada a ver com nosso querido Termo Abominável da vez. ☺

Vamos implementar uma cultura DevOps

Coloca o amiguinho de desenvolvimento do lado do amiguinho de infraestrutura e do lado de amiguinho de testes, vamos chamar de SQUAD e podemos bater no peito e dizer que somos DevOps.

Nota do autor: DevOps vai muito além do que simplesmente quebrar as barreiras históricas existentes entre desenvolvimento, infraestrutura e testes. Significa criar um fluxo contínuo de entrega de software, que implica em revisão de arquitetura, revisão de infraestrutura, revisão de métodos de testes. Ou seja, é mais um item que deve ser tratado através de uma gestão pragmática de mudanças e não uma "implementação de cultura". ☺ ☺

---

[2] Nome também do seu livro, "PMO Ágil: Escritório Ágil de Gerenciamento de Projetos" (2016), publicado pela Brasport.

Vamos tombar 92 SQUADS em 6 meses

O próprio nome já diz: tombar. Em seis meses treine aproximadamente 920 pessoas, mude totalmente a forma de trabalho e não esqueça das salas coloridas e dos *post-its*. E qual a meta da organização ao fazer isso? Qual o objetivo? Agilizar, ora! Mas como garantir que essas 920 pessoas se adequem ao novo modelo de trabalho em tão pouco tempo? Ah, é só fazer o treinamento e sair fazendo!

Nota do autor: vou ser muito insistente: esse movimento de mudança de forma de trabalho deve ser conduzido com uma gestão pragmática de mudanças. Foi feita uma análise sobre se os projetos são ideais para começar a trabalhar com esse movimento? As equipes têm o perfil para trabalhar com o novo modelo? Os clientes atendidos são receptivos às mudanças que estão ocorrendo? 😌

Vamos tombar o ágil na organização

Uma variante do Termo Abominável anterior, mas agora em toda a organização! Dá para imaginar o caos??? Nem vou continuar.

Nota do autor: para não soar repetitivo e falar novamente sobre gestão pragmática de mudanças, analise os seguintes cenários:

Da série: Pérolas da "Comunidade" Ágil e Projetos **73**

✓ **Empresa com problemas, mas mantendo-se de pé:** conduza sua gestão de mudanças de forma evolucionária, atrelando a objetivos a serem atingidos.

✓ **Empresa com problemas, grande porte e estrutura conservadora:** crie uma *startup* ou um núcleo de inovação desgarrado da estrutura mãe.

✓ **Empresa descendo ladeira abaixo:** apenas nesses casos eu defendo uma mudança revolucionária, pois não há mais tempo para execução.

😊

Vamos tombar o ágil na organização com a ajuda de um *Agile Coach*

O *Agile Coach* simplesmente será decisivo para esse "tombamento", utilizando todos os conhecimentos adquiridos em curso bacana de oito horas. Através da mudança de "mindsete", "mindoito" e "mindnove" e da "agregação de valor", teremos uma verdadeira "transformação cultural, ágil e digital". Vale montar também vários PowerPoints com mensagens motivacionais mais requentadas que café de ontem. E não pode esquecer de rodar vários treinamentos fofinhos de *Agile*, onde todos sempre vencem e no final todos saem com a sensação de que *Agile* resolve todos os problemas dos seus projetos. E não pode faltar a foto do LinkedIn com alguma *hashtag* motivacional e tão profunda quanto piscina de criança!

Nota do autor: *Agile Coaches* experientes, com "cicatrizes de combate", sem dúvida poderão ajudar a empresa a obter melhores resultados com abordagens enxutas e ágeis. Mas desde que conduzam a mudança de forma pragmática, como mencionei repetidas vezes nesta obra. Fuja das fórmulas mágicas e também de quem as vende. ☺

Vamos tombar o ágil na organização com a ajuda da Hiflex, do Vitor Massari e do Fábio Cruz

NÃO! NÃO! NÃO! NÃO! NÃO e NÃO!

Parte III e 3/4

Da série: Pérolas da "Comunidade" Ágil e Projetos

Episódio final: RETOMANDO A ORDEM ALFABÉTICA

Você já preencheu a planilha de riscos?

Geralmente quem solta essa é aquela pessoa que acabou de tirar a certificação PMP e segue o "by the book" do que ela aprendeu no PMBOK (não vou mencionar a versão para não ter que ficar lançando edições a cada mudança de versão ☺). Identificou o risco, fez análise qualitativa, quantitativa, planejou resposta ao risco, enviou por e-mail para todas as 87 partes interessadas do projeto, salvou em uma planilha Excel em um caminho indecifrável da rede da organização e ninguém nunca mais acessa. Aí quando o risco se materializa, nosso sábio profeta das montanhas (sempre ele!) solta essa: "este risco estava mapeado?" (vide Termo Abominável localizado na Parte III e 1/3 desta saga).

Nota do autor: Mapear riscos é uma atividade importante em qualquer projeto, em qualquer metodologia. Mas esse mapeamento precisa ser feito em um artefato vivo, que esteja ao acesso fácil de todos, visual se possível, para que não seja apenas um procedimento seguido sem propósito e para que o risco seja, de fato, tratado adequadamente. ☺

Você precisa desafiar esta estimativa, para alcançar o resultado da equipe, senão vai ter problemas

Em outras palavras, que se exploda sua estimativa, entregue quando eu achar que tem que ser entregue. Faça horas extras, sacrifique a qualidade, pouco importa! Afinal de contas, **"Vamos entregar o projeto do jeito que está! O importante é a entrega! Depois trabalhamos nos acertos"**. Você sabe como geralmente termina isso, certo? Se não sabe, volte para a Parte III e ½ desta obra e relembre.

Nota do autor: estimativas são previsões, não são adivinhações. Claro que devemos evitar as estimativas superestimadas, mas criar restrições ou antecipações de entrega sem estar associado a um custo de atraso (*cost of delay*) é pedir para gerar projetos com baixa qualidade e com baixa satisfação dos envolvidos ao final do projeto. ☺

Parte IV

Da série: Ágil e TI ("... o horror.... o horror"[3])

---

[3] Célebre frase do personagem Coronel Kurtz, interpretado de forma magistral por Marlon Brando (R.I.P.) no filme "Apocalypse Now", de 1979.

Sprints de documentação

Isso mesmo! Quanto maior a documentação, maior a quantidade de *Sprints*, certo? Qual seria a meta de cada *Sprint*? Quantidade de páginas? Quantidade de palavras? Qual o produto entregue efetivamente? Ah, mas está "agregando valor" (vide Parte III e 1/3), certo? Porque sem a documentação não tem projeto!

Nota do autor: não existe *Sprint* de documentação, mas isso não significa que a documentação deva ser negligenciada. A documentação pode ser gerada como um entendimento entre as partes após a aplicação de técnicas de planejamento lúdicas e colaborativas como *Project Model Canvas*, *Design Sprint*, *Project Sprint*, *Project Thinking* e *Inception* Enxuta, já mencionadas anteriormente. Essas técnicas contribuem para que planos complexos sejam elaborados de forma simples entre 1 e 7 dias de trabalho, no máximo. Logo, não faz nenhum sentido quebrar sua documentação em *Sprints*. ☺

Sprints de desenvolvimento

Como ágil está relacionado com velocidade e rapidez, não temos tempo de realizar testes ou homologações na *Sprint*, pois precisamos de produtividade. Várias *Sprints* que estão "prontas, só falta testar" (vide Termo Abominável localiza-

Da série: Ágil e TI ("... o horror.... o horror") **81**

do na Parte II desta saga) passarão para as *Sprints* de testes. Chances de retrabalho? Mínimas, afinal de contas a equipe "agregou valor" em cada *Sprint*! Nada pode dar errado nas *Sprints* de testes.

Nota do autor: não caia na tentação de negligenciar testes dentro da sua *Sprint*. A *Sprint* deve entregar um potencial incremento de software com o máximo de qualidade possível. Não caia na tentação de que você irá entregar menos funcionalidades se investir em testes unitários e testes automatizados, pois as chances de você ter retrabalho, principalmente na fase final do projeto, diminuem consideravelmente. Então não adianta apenas desenvolver para "entregar software" mais rápido e depois gastar quase o mesmo tempo corrigindo problemas que poderiam ter sido identificados anteriormente. 😉

Sprints de testes

Depois que você executou todas as "*Sprints* de desenvolvimento", vamos para as *Sprints* de testes. Mas não abuse muito, pois o software precisa ir para o ambiente de produção *asap* (vide segundo Termo Abominável localizado na Parte I desta saga). No máximo, uma ou duas *Sprints*. Se der erro? 'Bora evocar vários Termos Abomináveis:

✓ "Vamos aumentar a quantidade de recursos para entregar o projeto mais rápido" ou

82 Dicionário de Termos Abomináveis do Mundo Corporativo

✓ "Pula as *Sprints* de testes e vamos entregar do jeito que dá" ou

✓ "Vamos montar um plano de ação" ou

✓ "Vamos montar uma *War Room*" ou

✓ "Vamos fazer uma força-tarefa"

Evoque cinco Termos Abomináveis e os indestrutíveis *Power-Bugs* se revelarão a você com toda a fúria possível e inimaginável.

Nota do autor: reforço que testes devem ser considerados dentro de cada *Sprint*, garantindo a máxima qualidade do produto e evitando jornadas heroicas como as mencionadas anteriormente. Busque automatizar a maior quantidade de código possível, seguindo o conceito de *Jidoka* (originário do Sistema Toyota de Produção), que significa não passar defeitos para frente e separar o trabalho dos seres humanos do trabalho das máquinas. Os seres humanos sem dúvida sabem desenvolver, mas o teste realizado de forma automática pela máquina é muito melhor que o teste do ser humano. ☺

Sprint de integração

Depois de várias "*Sprints* de desenvolvimento" finalizadas e as "*Sprints* de testes" bem-sucedidas, chegou a hora de exe-

Da série: Ágil e TI ("... o horror.... o horror")   **83**

cutar a *Sprint* de integração. Vamos juntar códigos de todos os desenvolvedores, concatenar o módulo de vendas com o módulo contábil e integrar com o sistema em *mainframe*, fazer *mer.....ge* manual e "montar o pacote" (vide Termo Abominável localizado na Parte II desta saga) para subir para homologação. E 'bora começar a *Sprint* de homologação.

Nota do autor: integração contínua também deve ser uma preocupação do desenvolvimento ágil de software. Uma boa definição de pronto deve contemplar trabalhos de integração, preferencialmente automatizados, dentro de cada *Sprint* e não ter uma *Sprint* exclusiva para integrar um monte de código desenvolvido e, o pior de tudo, de forma manual. Reforço novamente o conceito do Sistema Toyota de Produção de separar o trabalho dos seres humanos do trabalho das máquinas. ☺

Sprint de homologação

Olha que maravilha! Bate no peito com orgulho e fala: "aqui usamos modelos híbridos, porque modelos híbridos são a tendência" (vide Termo Abominável – Parte III e 1/3 desta obra). "Usamos a caixinha de ferramentas e o melhor das melhores práticas. Podemos trabalhar com *waterfall*, mas agora combinamos com *Sprints* para agregar valor". Quanta coisa linda! Até a primeira etapa de homologação e o cliente começar a questionar da seguinte forma: "não está funcionando do jeito que eu queria" ou "não foi isso que eu pedi". Nesse momento veja seu lindo "modelo híbrido" ir por água abaixo, tendo os mesmos retrabalhos que você tinha ao utilizar abordagem *waterfall*. Qual será o próximo passo? *Sprints* de correção?

Nota do autor: perceba que na prática foi executado um projeto *waterfall* em sua essência. Dentro de uma *Sprint* devemos buscar sempre pelo máximo de etapas que desenvolvam um produto com chances menores de retrabalho e que permitam a absorção de mudanças com o impacto mais sutil e suave possível, ou seja, devemos avaliar como ter testes, integrações e homologações dentro de uma *Sprint*, tentando tratar em nível de requisito e não em nível de entrega final. ☺

Sprint de estabilização

E depois de rodar suas "*Sprints* de desenvolvimento, testes, integração e homologação", você "monta o pacote" para a subida no ambiente de produção e cruza os dedos, afinal de contas nada pode dar errado desta vez, certo? Tudo bem que das últimas 14 vezes que você fez isso em todas as 14 deu problema no dia seguinte, mas dessa vez será diferente, pois relação entre causa e efeito é coisa de filósofo maluco e no final tudo sempre dá certo, basta ter pensamento positivo, despertar seu lado criativo, ser disruptivo, fazer acontecer, pensar fora da caixa (da série: evocando as melhores pérolas do Dicionário de Termos Abomináveis do Mundo Corporativo, uma obra de autoria de Vitor L. Massari, lançado pela Brasport, atualmente na X^a edição). Digamos que estamos diante de uma versão *gourmetizada* do Termo Abominável "Fase de estabilização" (disponível na Parte II desta saga).

Nota do autor: se os métodos ágeis forem aplicados da maneira correta, buscando um potencial incremento de produto com qualidade ao final de cada *Sprint*, não teremos que criar subterfúgios como essa infame *Sprint* de estabilização. 😊

Parte V

Da série: Massari Feelings

Agilidade não é sinônimo de infantilidade

Vivemos tempos de "febre ágil". Muita gente falando, comentando, palestrando e vendendo; porém, muita infantilidade sendo dita por aí. "O importante é ter uma parede cheia de *post-its*, um local sem cobranças, onde as pessoas fazem o que elas quiserem, que todas as hierarquias sejam quebradas, que não existam mais chefes, que tenha cerveja disponível o tempo todo, área de ping-pong, que não exista mais cobrança de prazo e o foco seja em agregar valor para o cliente final". Parece cômico, mas infelizmente é assim que muitos andam "vendendo" agilidade por aí. Agilidade tem a ver com métodos enxutos e colaborativos, até com uma certa descentralização de poder, mas no final do dia o que vale é o resultado final para a organização. É o que os métodos através de suas abordagens enxutas e colaborativas trarão de benefícios tangíveis para a organização. Como diria um amigo meu e CIO de uma consultoria multinacional: "se esse tal de ágil não fechasse a conta no final do mês, ia arrancar todos esses quadros da parede e buscar outro método de trabalho". Por mais pragmatismo e menos infantilidade.

Dizer que métodos ágeis não funcionam é negar tudo que o *Lean* e o Sistema Toyota de Produção trouxeram de benefícios ao mundo

Se você conhece um pouquinho de *Lean* e Sistema Toyota de Produção, já sacou que os métodos ágeis bebem totalmente na fonte da *Lean*, pois:

- ✓ *Sprint* = Fluxo Contínuo

- ✓ Definição de Pronto = *Jidoka*

- ✓ Velocidade = *Takt-Time*

- ✓ Planejamento, Reunião Diária, Revisão e Retrospectiva = *Kaizen*/PDCA/Melhoria Contínua

Aí sempre aparece um que diz: "no chão de fábrica funciona, mas no dia a dia é diferente". Esse é o momento em que você deve sair andando e deixar a discussão para lá.

Equilibre a equação demanda x vazão x fluxo e você vai parar de rasgar mais da metade do dinheiro que rasga atualmente

Acredito que as organizações estão olhando muito para o fluxo de trabalho através de metodologias, processos, *frameworks* e estão esquecendo de equilibrar outras duas variáveis: demanda e vazão. Demanda pode ser considerada a quantidade de projetos que entra no processo de execução e muitas vezes não possui nenhum tipo ou processo de priorização; geralmente se ouve que "tudo é prioritário". Aí sempre aparece algum "gênio empresarial" dizendo que tem que se fazer mais com menos e não há vazão/*capacity* suficiente para dar vazão à demanda no menor tempo. Qual o resultado final disso? Muitas iniciativas com poucas "acabativas"! E qual a "brilhante" solução? "Agilizar" o fluxo. Perceba que o fluxo apenas evidencia os problemas da entrada descontrolada de demandas.

Ignorar dados estatísticos é um misto de ingenuidade com estupidez

Quando se trabalha com um sistema de trabalho onde é possível extrair métricas de produtividade e entrega, você consegue usar métodos estatísticos desde os mais simples, como a média, por exemplo, até métodos mais robustos, como mediana, moda e percentil, podendo até extrapolar para análise de cenários através de técnicas como Simulação de Monte Carlo. Mas sempre fico estarrecido quando algumas pessoas querem ir contra o que os dados sinalizam para sacar uma série de frases motivacionais requentadas como: "temos que dar o algo a mais", "vamos ter que sangrar um pouco, pois faz parte da nossa cultura", "se tivermos esperança no final tudo dá certo", "sem emoção não tem graça". Infelizmente essas atitudes levam a retrabalhos, atrasos, além do desgaste dos profissionais. Pena que poucos medem financeiramente as consequências desses "atos heroicos".

Lamentação sem ação continuará sendo uma lamentação

Cá entre nós, vivemos tempos "mimizentos" hoje, não acha? Muita lamentação e expectativa de que algum ser magnânimo descerá do Olimpo e resolverá tudo. Sempre que você se queixar de alguma situação para seu gestor/líder/colega/amigo, traga a sugestão de melhoria; caso contrário, o problema continuará exatamente no mesmo lugar, trazendo os mesmos resultados e gerando a mesma insatisfação.

Métodos ágeis na TI sempre partiram da premissa de que as pessoas utilizam boas práticas de engenharia de software

Na "febre ágil" existente atualmente muitas empresas estão em busca de seu *framework* perdido, seja ele Scrum ou *Kanban* ou SAFe ou algum outro qualquer. Mas as empresas e departamentos de TI ignoram que os métodos apenas facilitam a execução; eles não ensinam ninguém a entregar software de forma melhor. Então, se você ignorar as práticas e simplesmente sair "Sprintando", a única coisa que você obterá serão "potenciais incrementos de software ruim e *bugs*".

Métodos ágeis fora da TI funcionam muito melhor e com mais facilidade

Como disse anteriormente, os métodos ágeis bebem na fonte do *Lean*, que pode ser aplicado em qualquer segmento. E os ambientes complexos fora da TI não precisam lidar com questões como arquitetura, testes automatizados, integração contínua, *deploy*, pacotes, ambientes, infraestrutura, sistema legado ou sustentação. Geralmente é apenas uma questão de estruturar processos enxutos e/ou otimizar os processos existentes.

O choro é livre e a meta da *Sprint* é fixa

Trabalhar com métodos ágeis significa comprometimento (inclusive é um dos valores do Scrum, de acordo com a tradução do *Scrum Guide* feita pelo meu amigo e sócio Fábio Cruz). A meta deve ser um acordo entre todas as partes, dentro de todas as restrições avaliadas do ambiente, mas uma vez acordada deve ser perseguida.

O choro é livre e o *timebox* é fixo

Métodos ágeis trabalham com foco em pessoas, trabalho em equipe, metas compartilhadas, negociação e flexibilidade. Mas a contrapartida é disciplina ao tempo! Contrate metas realistas dentro de um tempo determinado, mas mantenha o foco para finalizar dentro daquele tempo! Não caia na cilada de dois comportamentos do ser humano: Síndrome do Estudante (deixar para a última hora) e Lei de Parkinson (usar 100% do tempo para realizar algo que poderia ser finalizado em menor tempo).

Odeio *feeling*

Use *feeling* para as coisas que precisam de *feeling*: pessoas, motivações, interações, relacionamentos. Para todas as outras coisas, use ciência e relações entre causa e efeito.

Quanto mais força se empurra um sistema complexo, com mais força ele te empurra de volta

Empurrar um sistema complexo significa ignorar as restrições do ambiente e ligar o seu modo "ato heroico". Vamos a um exemplo prático? Você tem algumas entregas cujo prazo é totalmente fora da realidade; caso você e sua equipe não entreguem, vocês perderão o emprego. O que vocês fazem? Vamos a algumas opções:

- ✓ Opção 1 – Sabe que vai dar errado e já atualiza o currículo no LinkedIn

- ✓ Opção 2 – Sabe que vai sair com uma bela bolada de rescisão e só espera a hora chegar

- ✓ Opção 3 – Sabe que vai dar errado e pula fora do barco antes da hora

- ✓ Opção 4 – Retroceder nunca, desistir jamais! 'Bora trabalhar final de semana, de noite, contratar mais gente e:

o Uma chance remota de tudo terminar com a qualidade esperada

o Chances razoáveis de realmente não dar tempo

o Chances de finalizar o trabalho abrindo mão de etapas de qualidade, porém com inúmeros retrabalhos nos dias/meses/anos seguintes. **Pronto! Este é o momento onde o sistema empurrou você de volta.**

Se é grande a restrição, diminua a ambição

Ao longo dos anos venho trabalhando em uma tese que chamo de Triângulo de Massari, onde busco estabelecer uma relação de causa e efeito entre as restrições do sistema organizacional e os objetivos e benefícios obtidos.

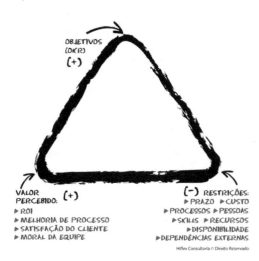

A tese defende que quanto maiores forem essas restrições, menores serão os objetivos e benefícios obtidos. Se quero aumentar minha ambição e alcançar objetivos e benefícios maiores, devo trabalhar em cima da otimização das restrições. Porém, se for inviável otimizá--las, devemos diminuir nossa ambição e buscar objetivos e benefícios menores. Ou ligar o modo "ato heroico" e tentar "empurrar" o sistema – e conforme descrevi no Massari Feelings anterior, sabemos qual é o final da história.

> **Variabilidade sempre existirá em problemas complexos resolvidos com capital intelectual, a não ser que você seja um ciborgue ou um milagre da genética**

Problemas complexos por si só já possuem variabilidade pela característica da solução (produto) e pela abordagem empírica muitas vezes necessária (processo). Problemas complexos resolvidos com capital intelectual trazem mais variabilidade ainda, uma vez que somos seres humanos únicos com motivações diferentes, produtividades diferentes, temos variação de humor, de disposição física e mental. Todos esses detalhes trazem variabilidade, que deve ser identificada e tratada através de métodos estatísticos e análise de causa-raiz. Mas ignorar essas variáveis e achar que nossa produtividade é estática e que nossa motivação é apenas nosso salário é novamente um completo misto de ingenuidade com estupidez e praticamente considera que somos ciborgues ou milagres da genética. Se este for o seu caso, doe seu corpo para estudos! ☺

Conheça as outras obras de Vitor Massari!

Gerenciamento Ágil de
Projetos 2ª edição

Agile Scrum Master no Gerenciamento
Avançado de Projetos

Gestão Ágil de Produtos com Agile Think®
Business Framework

Para mais informações acesse: www.brasport.com.br

Acompanhe a BRASPORT nas redes sociais e receba regularmente informações sobre atualizações, promoções e lançamentos.

 @Brasport

 /brasporteditora

 /editorabrasport

 /editoraBrasport

Sua sugestão será bem-vinda!

Envie uma mensagem para **marketing@brasport.com.br** informando se deseja receber nossas newsletters através do seu e-mail.